IRMÃ
ANA
PAULA
CMES

o segredo de SER você

Permita que a graça de Deus restaure as suas imperfeições

Academia

Preparação de textos: Project Nine Editorial
Revisão: Fernanda Guerriero Antunes e Project Nine Editorial
Revisão técnica: Ari Luis do Vale Ribeiro
Diagramação: Project Nine Editorial
Capa: Rafael Brum
Imagem de capa: Luiz Ipolito

DADOS INTERNACIONAIS DE CATALOGAÇÃO NA PUBLICAÇÃO (CIP)
ANGÉLICA ILACQUA CRB-8/7057

Ana Paula, Irmã
O segredo de ser você / Irmã Ana Paula. – São Paulo : Planeta, 2019.
144 p.

ISBN: 978-85-422-1689-9

1. Vida espiritual 2. Autoconhecimento - Aspectos religiosos 3. Deus 4. Felicidade I. Título

19-1291 CDD 248.4

2019
Todos os direitos desta edição reservados à
EDITORA PLANETA DO BRASIL LTDA.
Bela Cintra, 986 - 4º andar – Consolação
01415-002 – São Paulo-SP
www.planetadelivros.com.br
faleconosco@editoraplaneta.com.br

À minha amada família, base da minha vida.

À minha família religiosa Irmãs Carmelitas Mensageiras do Espírito Santo.

A todo ser humano que tem buscado encontrar um sentido na vida. Que cai e levanta porque acredita que há um longo caminho a percorrer, pois está convicto que o seu Criador o criou para a liberdade.

A você!

Sumário

Prefácio

Conheci a Irmã Ana Paula, CMES, por meio de suas maravilhosas canções, as quais refletem a sua intimidade com o Senhor e com o Espírito Santo, frutos de sua vida de dedicação e consagração a Deus por intermédio do carisma das Carmelitas Mensageiras do Espírito Santo.

Nos encontramos várias vezes, estivemos juntos em missão, como também na gravação do seu último CD: "Há Um Trono", gravado ao vivo em São Paulo. Todas as vezes que a encontrei, percebi nela um grande e ardente desejo de correspondência com a sua vocação e um compromisso em multiplicar os dons que Nosso Senhor lhe confiou.

A irmã me convidou a prefaciar *O segredo de ser você*. Ao ter contato com a presente obra, atesto como sendo uma resposta de Deus para o nosso tempo. Quando lemos os escritos de uma pessoa consagrada a Deus num determinado carisma, tocamos na força deste carisma na escrita e na experiência relatada naquilo que está sendo compartilhado. E é exatamente isto que você, querido leitor, vai experimentar em *O segredo de ser você*.

Palavra de Deus meditada; expressão do pensamento dos santos carmelitanos; doutrina da Igreja refletida pelos Santos Padres e pelo Magistério da Igreja; contribuição de tantos filósofos e teólogos que influenciaram com seu pensamento a humanidade.

O segredo de ser você começa pelo grande desafio de entender "o que é o homem": um ser dotado de corpo, alma e espírito, desafiado a reconhecer-se criado e amado por Deus, homem este que teve sua natureza marcada pelo "pecado original" e que precisa redescobrir-se como um ser espiritual, que tem uma vida divina iniciada no Batismo, que o faz capaz de Deus e de decisões definitivas. Isso implica em "Estar atento" às realidades externas que provocam e desafiam o ser humano a ceder às concupiscências e ao mesmo tempo a força de Deus que o impele para o que é certo, edificante e garantia de vida eterna, por isso, a necessidade de vigilância, de estar atento. Tudo isso levará você, querido leitor, a responder a esta intrigante pergunta: "O homem é bom?". Não te darei a resposta, pois a Irmã Ana Paula discorre num capítulo inteiro sobre esse questionamento, respondendo-o de forma brilhante, apenas afirmo aquilo que a Sagrada Escritura já nos atestou: o homem foi criado à "imagem e semelhança de Deus". O livro toca em algo extremamente importante no tempo atual, que é "O valor da dor na vida do homem", o que levará você a entender que o sofrimento não é maldição, e sim, uma grande oportunidade de purificação e crescimento, afinal, São Paulo já disse aos Romanos: *Todas as coisas cooperam para o bem dos que amam a Deus* (Rm 8, 28). Dostoiévski afirmou que "a beleza salvará o mundo", e com muita sabedoria e precisão este livro nos dará a resposta ao seguinte questionamento: "O que é o belo?", ou seja, teremos o contato com a fonte de toda a beleza.

Como uma boa Carmelita, Irmã Ana Paula nos ensinará um seguro caminho de santidade ensinado pela Madre Teresa de Jesus: a "Determinada determinação". E numa época onde o ser humano tem perdido o sentido da vida, seremos desafiados a "Ser para o outro", uma linda proposta de sairmos de nós mesmos, do nosso mundinho e do nosso egoísmo, tendo a nobre atitude de olhar para e ver o quanto podemos ser úteis na vida de tantas pessoas. Uma das grandes crises do tempo em que vivemos é a incapacidade de escuta, pois queremos sempre ter razão, com isso, temos perdido a capacidade de dialogar, e muitas pessoas vivem uma extrema solidão, pois ao mesmo tempo que se identificam com ideias, perdem algo precioso da nossa realidade humana que é a capacidade de ter comunhão com o semelhante, já na parte final desta obra maravilhosa, nos será oferecido um remédio para o isolamento e o individualismo escandaloso do nosso tempo: "Diálogo, lugar de encontro". Por fim, através de uma mulher chamada Eva, a mãe de todos os viventes, entrou o pecado na humanidade, mas o Senhor Deus trouxe a resposta através de uma outra Mulher, que tornou-se a "Mãe de todos os homens", pois é em primeiro lugar a Mãe do "Homem Perfeito, Nosso Senhor Jesus Cristo", e nela contemplamos a humanidade trabalhada por Deus, na ação do Espírito Santo.

Desejo que você, querido leitor, faça uma profunda experiência com a descoberta da grande e profunda obra de Deus que é o homem, e o quanto você pode na força do Espírito Santo, experimentar a redenção conquistada por Cristo lá na Cruz. Agradeço a dedicação da Irmã Ana Paula, CMES, em nos oferecer esta linda e profunda obra. Que Deus a recompense e a senhora possa colher os frutos deste trabalho feito com tanto amor e desprendimento, para o bem das almas e o crescimento da Igreja do Senhor.

Com orações,
Pe. Roger Luis da Silva
Comunidade Canção Nova.

Introdução

29 de agosto de 2018,
Martírio de São João Batista

Na Santa Missa, eu pedia a Deus que me mostrasse um tema para desenvolver neste livro. Saindo da Catedral, uma moradora de rua, suja, descabelada e sem dentes, gritou: "Irmã, dá uma roupa dessa pra mim?". Eu respondi que não podia lhe oferecer o hábito e segui adiante. Comecei, então, a me questionar: *O que ela tem de diferente de mim? Somos frutos de nossas escolhas ou oportunidades? A Misericórdia do Altíssimo me alcançou, mas a ela não? O Senhor tem preferências? O que faz um ser humano assumir uma vida assim? Por que ele sofre?* Diante desses pensamentos, fui entendendo o que o Pai queria que eu escrevesse. Aquela mulher foi o instrumento de Deus para direcionar a vontade Dele sobre esta obra.

Muitos teólogos e filósofos tentaram responder a esses questionamentos que me perturbavam, e, em determinado momento de suas pesquisas, tiveram de dobrar sua limitação cognitiva diante do silêncio Daquele que tudo sabe. Essas perguntas não têm respostas exatas, pois vários fatores podem afetar as decisões humanas – não só pelo livre-arbítrio, cuja dimensão é muito abrangente, mas também por questões biológicas, psicológicas, neurológicas e sociais e, sobretudo, pelo mistério da providência e predestinação divinas. Existem enigmas da ação de Deus sobre nós, a qual não se explica pela racionalidade, porquanto está além dela. Essa é a razão de, em alguns acontecimentos, somente a Fé – que é esse salto no escuro – pode nos aproximar dos desígnios do Senhor.

Quando o Papa Bento XVI pisou no campo de concentração de Auschwitz, ele perguntou a Deus: "Onde tu estavas enquanto tantos aqui morriam?". Sua voz era o eco do grito de todos os que clamavam pelo Pai em meio ao terrível Holocausto. Entender por que Deus permite a dor, mesmo esta sendo (na maioria das vezes) resultado da ignorância do homem, é, em primeiro lugar, ter a consciência, mediante a fé, de que o mal não tem o seu fim em si mesmo, pois tudo a Deus voltará.

No decorrer destas páginas, vamos encontrar pensamentos esclarecedores a respeito de algumas dessas instigações. Evidentemente, será apenas uma síntese, pois tais realidades acarretam imensa profundidade teológica e antropológica.

Um dos maiores desafios, senão o maior, dos nossos tempos é arrancar o ser humano da desumanização. São João Paulo II dizia que o homem é o foco primordial de toda missão da Igreja:

> O homem é o primeiro caminho que a Igreja deve percorrer no cumprimento de sua Missão: ele é a primeira e fundamental via da Igreja, via traçada pelo próprio Cristo e via que imutavelmente conduz através do mistério da Redenção.[1]

Ser pessoa implica entrar e, ao mesmo tempo, sair de si mesma – movimentos essenciais do ser humano, que está aberto à transformação progressiva na busca de encontrar sua plenitude no transcendente, pois há nele a participação da vida divina. Cada um de nós é um projeto a ser construído todo dia.

> [Esse é] O processo através do qual o homem atinge a verdadeira e própria forma do seu ser. É um instrumento para cultivação do homem, que não é somente um cultivador da natureza, mas de si mesmo. Ele não nasce já totalmente pré-fabricado, mas só em mínima parte. Quando nasce, o homem, mais do que um produto acabado, é simplesmente um projeto. Por isso é intrinsecamente plasmável, cultivável, educável.[2]

O ser humano sempre será um segredo a ser descoberto, pois "cada homem tem uma característica irrepetível".[3]

É notável um crescimento grandioso de escritos, pautados em superações humanas, com base nos próprios esforços, o que demonstra que o homem está tentando encontrar-se para vencer os obstáculos do cotidiano. No entanto, constata-se aqui um paradoxo, pois se a suplantação fundamentada em si mesma fosse a nós satisfatória, não estaríamos tão divorciados de nós mesmos por uma vida sem sentido, mergulhada em tristezas e devassidões.

Pesquisas mostram que o índice de pessoas depressivas aumenta cada dia mais, e que a depressão será a doença que mais matará até o ano de 2020. É assustador constatar que o número de suicídios tomou proporções absurdas, sobretudo em meio aos jovens, que deveriam ter tantas expectativas de vida. É notório que existe aqui um grande problema, pois há uma busca sincera do ser humano pela autodependência, porém ele ainda não percebeu que, afastado do Criador, estará cada vez mais distante de suas satisfações profundas, pois sua sede de ser feliz jamais será saciada longe da plena Felicidade, que é o próprio Deus.

> Todo autêntico valor culmina numa relação com a divindade – conceito supremo que preside ao mundo de todos os valores. Nenhum valor autêntico poderá jamais ser compreendido por nós, em toda a sua profundidade, senão precisamente quando o aprendemos na sua relação com Deus [...]. Se não o aprendermos como revelação da divindade jamais poderemos compreender a sua essência.[4]

Mesmo ateus que se dizem felizes, em sua essência, encontram Deus, pois ninguém jamais existiria se o Pai assim não consentir. Ademais, é válido pontuar que o fato de negar o Criador já prova que Ele existe, porque não se pode negar o que não existe. Como dizia Santo Anselmo:

> Deus, porém, é o ser do qual não é possível pensar nada maior, e quem compreende bem isso sem dúvida compreende, também, que Deus é um ser que não pode encontrar-se no pensamento. Quem, portanto, compreende que Deus é assim, não consegue sequer imaginar que ele não exista.[5]

Ainda que o mundo atual viva como se não houvesse a presença do Pai – estando, por isso, tão cético, racionalista e relativista –, você é convidado a redescobrir o valor da fé que habita o seu interior e permitir que ela paute sua conduta para, a partir daí, tornar a se achar, reencontrando o Criador, por quem é moldado e planejado.

Temos a capacidade dada por Deus de nos erguer. Sendo assim, de forma simples, o objetivo dos capítulos que seguem é traçar um caminho espiritual, mediante as habilidades humanas, para sermos o que devemos ser. Tendo o conhecimento de si, com o auxílio da Graça divina, o ser humano consegue redescobrir sua beleza e sua essência. O fio condutor deste livro, portanto, é guiar o leitor na redescoberta dessa essência não só como animal racional, conforme diz Santo Tomás de Aquino, citando Aristóteles, mas, sobretudo, como *Imagem e Semelhança* do seu Criador. Sem essa descoberta, encontramo-nos perdidos em nossos ideais mais profundos.

A natureza humana está ordenada para um fim, a qual, se for negligenciada, deformará a própria natureza. Hoje, há mecanismos apropriados para que o homem não pense e possa ser manipulado, o que resulta na ignorância, que tantas vezes o leva a agir errado, por não conhecer a finalidade de tudo que o cerca e de si mesmo. Não nos perguntamos a razão da sua existência? Para que, por exemplo, nós nos alimentamos? O alimento mantém o corpo vivo, cheio de energia, mas desenvolvemos doenças se o ingerimos em demasia ou restrição. As duas realidades fogem daquilo que é o propósito de alimentar-se, gerando desequilíbrio. Esse é o motivo de em "Éticas de Aristóteles" ser dito que a virtude está no meio; não está nem no excesso nem na falta.

O homem, tal qual um ser espiritual, possui a *vontade* como uma de suas capacidades, e esta, segundo Santa Edith Stein, "se adestra exercitando-se em *escolher, decidir, superar, perseverar* etc.".[6]

Assim, podemos reiterar que essa capacidade de escolher, decidir, superar e perseverar está inserida no homem pelo seu Criador, por isso é impensável tratar do mistério humano deixando de elevar a mente a Deus, sem o qual não existiríamos, pois somos seres contingentes e não subsistimos por nós mesmos.

O nosso caminho formativo é obra divina. No entanto, é muito importante focarmos em alguns pontos, os quais nos conduzem ao adestramento da nossa vontade e das más inclinações. Para tanto, é necessário o desejo sincero de entrarmos em nós mesmos, desbravando-nos e corrigindo-nos, pela prática da vida interior, as realidades que ainda nos tornam reféns de nós mesmos e de nossas paixões. Como dizia São Bernardo: "O desconhecimento de si leva à soberba, e o desconhecimento de Deus, à degradação".

Finalizo esta introdução pontuando o verdadeiro objetivo deste livro, que é demonstrar que apenas em Deus o ser humano é plenamente realizado e que é pelo conhecimento de si que o homem encontra ao Senhor. Para chegar a Ele, é necessário mergulhar em nosso interior a fim de ali encontrar Aquele que habita o mais íntimo de nós, o único que pode dar sentido à nossa existência.

Capítulo I

O QUE É O HOMEM?

O homem é uma criatura de Deus feita à Sua imagem e semelhança, contendo unidade de corpo e alma, sendo a síntese de toda criação, pois está entre os anjos e todo o restante da obra criacional.

Minerais – seres inanimados.

Vegetais – bio – alma vivente.

Animais – espírito empírico – dotados de sentidos.

Homem – corpo, alma racional e espírito.

Anjos – somente espírito de conhecimento intuitivo e pleno.

Pode-se perceber, nesta divisão, que somente o homem possui todas as dimensões da natureza criada, estando entre os animais e os anjos. Por essa razão, Santo Tomás de Aquino, citando Boécio, afirmava: "Pessoa significa o que há de mais perfeito de toda a natureza, é o que subsiste na natureza racional".[7] E Sófocles, um dramaturgo grego, dizia que "muitos milagres há, mas o mais portentoso é o homem".[8]

Batista Mondin nos traz a ideia que Santo Agostinho tinha do ser humano, quando o define como mistério de impossível compreensão:

> "Quem é o Homem?", dizendo: "*que grande mistério é o homem*!". E não se pode deixar de corroborá-lo, uma vez que, devido à complexidade do seu ser, físico e psíquico, ao mesmo tempo, confinado a uma pequena zona do espaço de seu corpo, mas em condições de galgar todos os confins do universo com sua mente, esta é efetivamente uma realidade da qual é impossível obter-se uma compreensão e dá uma explicação segura e exaustiva.[9]

O que ontologicamente nos diferencia dos animais é o fato de sermos racionais – e aqui eu me refiro à capacidade de inteligir, pois muitas pesquisas mostram o quanto o ser humano pensa racionalmente, mas age de forma irracional diante das realidades da vida. Dan Ariely, renomado professor de Psicologia e Economia da Universidade de Duke, ensina em seu livro *Previsivelmente irracional* que nem tudo que aceitamos como verdade é passado pelo crivo da razão, porque, normalmente, nossas ações são desordenadas e fundamentadas em sentimentos ou crenças individuais.

Estudos na área da Neurociência também chegam à conclusão de que o ser humano pensa racionalmente, mas age de maneira irracional. Há aqueles cujas crenças têm base em certas proposições que estão incutidas neles ou por interesse próprio. Emmanuel Lévinas, filósofo francês nascido em uma família judaica na Lituânia, em seu livro *Humanismo do outro homem*, dizia que é necessário que o ser humano se desprenda de suas visões preestabelecidas, indo além da massificação, na procura da essência sobre aquilo que vê e pensa compreender.[10] São várias as realidades e diversos os mecanismos que podem levar alguém a justificar suas crenças, como a coação emocional causada por uma denominação religiosa, tendo em vista que a crença não é baseada em um raciocínio lógico, mas no sentimento. Ou, então, a convicção de que uma ideia é a correta apenas por achá-la bonita ou por ser a verdade da maioria.

Não somos somente seres somáticos (corpo + sentidos), mas criaturas espirituais (razão). E a razão deve orientar os sentidos; do contrário, haverá desequilíbrio na natureza humana – motivo de muitos viverem sem fundamentos do que realmente acreditam. A questão entre razão e sentidos é tão importante que, se percebermos bem, há vícios relacionados aos sentidos e outros, ao intelecto. Por exemplo: a ira tem a mais a ver com o intelecto, pois toca a capacidade do raciocínio, enquanto a gula está ligada aos sentidos, posto que se vincula ao sentir certo sabor. É necessário pensar nossas ações, pois não podemos agir somente pelo sentimento nem ser volúveis. Somente a inteligência capta as realidades insensíveis. Aristóteles ensinava que não há nada no intelecto que não tenha passado primeiro pelos sentidos.

Quando eu penso em Deus é porque, de algum modo, "ouvi" alguém falar Dele – conhecimento que, de certa forma, passa pelos sentidos e causa abstração no intelecto. Essa teoria aristotélica leva-nos a entender que os sentidos apenas sentem, sendo papel da razão ordenar os sentimentos. Os animais não têm razão, mas são dotados de sentidos. Por exemplo: o cachorro sente o sabor da carne e tem o olfato muito mais apurado do que o humano, assim como a águia de rapina tem a visão oito vezes mais aguçada do que a nossa, mas neles os sentidos não são ordenados pela razão. Você não vai ver um cachorro indo ao restaurante a fim de pedir sua carne preferida, ou a águia se consultando com o oftalmologista para saber como está sua visão.

> Um fato que os animais buscam certos objetos ou deles fogem, não somente enquanto estes têm uma relação favorável ou desfavorável com tal sentido particular, mas ainda porque são úteis ou nocivos à natureza do indivíduo considerado em sua totalidade. A ovelha, gosta de repetir Santo Tomás, foge do lobo, não em razão de sua cor ou de sua forma, mas como nocivo à sua natureza; e, semelhantemente, o passarinho recolhe palhas, não por prazer dos sentidos, mas em vista do ninho a construir.[11]

Para Aristóteles, o homem é aquele que tem a noção da existência. O ser humano é o único ser com consciência do dom da vida. Ou você já viu uma vaca apreensiva no matadouro porque está prestes a morrer e se tornar um churrasco? Nós percebemos a existência da vaca, mas ela não sabe do seu existir. Possuímos dramas e buscas porque fomos criados com essa capacidade. "Penso, logo existo",[12] esta frase de Descartes, tem um problema, porque ele antecipa o pensar do existir, quando, na verdade, é o contrário: eu existo por isso eu penso. O conceito de existência só é notado em algum momento da vida, quando chega a idade da razão, situação na qual você passa a perceber que você é você, e não o outro. Tem-se, então, uma responsabilidade sobre si mesmo e suas atitudes. Um bebê ou uma criança pequena não percebem sua existência, por isso não têm em si a noção de lutar pela própria sobrevivência; ainda não desenvolveram, portanto, a autodefesa. Caso queiram pôr o dedo na tomada, mesmo sendo alertados de que isso lhes causará um choque, eles o farão mesmo assim. No entanto, se ao fazerem isso receberem um tapinha na mão como sinal de alerta, vão começar a entender o perigo que essa ação acarreta. Também o computador não pergunta para si mesmo se ele existe, pois suas respostas são pautadas por um mecanismo de regras.

"A operação própria do homem, enquanto homem, é fazer ato de inteligência."

(Tomás de Aquino, Metaph. I, I, 1, n. 3)

Para Aristóteles, a razão deve ordenar os sentidos, pois estes são cegos. O grande problema é que os indivíduos tomam decisões com base nos próprios sentimentos, sem se utilizar da razão. Se eu me *sinto* bem de estar com alguém, mesmo essa pessoa sendo uma criminosa, eu vou me relacionar com ela. Se eu quero *sentir* prazer prostituindo meu corpo, eu o faço, apesar de essa situação, possivelmente, me levar ao aborto; e eu vou beber para me *sentir* melhor. Posso citar inúmeros exemplos, até mais camuflados, como o fato de se ir à Igreja porque lá é um ambiente aonde quem vai se *sente* bem. Existe aqui uma desordem, posto que se tem uma fé depurada, porém não há busca de Deus, mas de si mesmo. O problema não é se sentir bem ou não; contudo, quando as atitudes são baseadas na emoção, não existem fundamentos; por isso, a desordem.

Santo Agostinho nos ensina que há em nós dois homens: o exterior (corpo-sentidos) e o interior (espírito-razão). Diz respeito ao primeiro tudo o que nos é comum com os animais: corpo matéria, vida vegetativa, conhecimentos sensíveis, imagens e lembranças das sensações. Ao homem interior, por sua vez, relaciona-se aquilo que pertence propriamente ao ser humano, e não aos animais. Julgamos nossas sensações, comparamo-las entre si, medimos os corpos e as figuras, submetendo-os às proporções e aos números: em cada uma dessas operações, como vimos, intervêm as razões eternas e divinas, que são perceptíveis apenas ao pensamento propriamente dito, que é o homem interior. Somos, portanto, essencialmente pensamento ou interioridade, que é a parte superior da alma racional (*animus*); é ela que adere aos inteligíveis e a Deus. Santo Agostinho afirma: "O pensamento contém naturalmente a razão e a inteligência [*mens, cui ratio et intelligentia naturaliter inest*]."[13]

Edith Stein também versa sobre essa hierarquia, apontando a presença do Criador como origem da representação humana em sua plenitude, pois foi Ele quem organizou as potências do homem.

> Cada verdade é conhecida pela pessoa, cada beleza é compreendida e apreciada pela pessoa. E atrás de tudo o que no mundo tem valor, está a Pessoa do Criador, que inclui em si como exemplar e, ao mesmo tempo, transcende o valor terreno. Entre as criaturas, justamente a pessoa representa a sua imagem mais alta. No homem, em que a imagem de Deus encontrou o seu desenvolvimento mais genuíno, no qual os dons do criador não são atrofiados, mas florescentes, e cujas potências estão na ordem desejada por Deus, que corresponde à guiada pela inteligência, as potências inferiores são dominadas pela inteligência e pela vontade. Isto entendemos quando falamos de humanidade completa. A tal humanidade completa é chamado para cada homem, e cada homem, secretamente, aspira a ela.[14]

Deus se encontra ao alcance do homem. Não está nem em alturas inalcançáveis, não é pura transcendência marcadamente indiferente à realidade humana, como visava o neoplatonismo, nem é somente o próprio humano, ou os seres corpóreos, conforme o maniqueísmo julgava. É, ao contrário, uma transcendência imanente e uma imanência que transcende. Essa transcendência possibilita o ser humano ser aberto a outro Ser sumamente superior a ele. Essa é a razão de Santo Tomás de Aquino afirmar que o maior milagre de Deus sobre humanidade foi ter criado o homem capaz de se relacionar com Ele (*Suma teológica*). Sem essa possibilidade, o ser humano tampouco poderia negá-Lo. Ele está no meio de nós Sua presença é revelada à humanidade, pois nos modelou para Si. Esse pensamento agostiniano e tomásico nos conduz para uma compreensão de uma concepção antropológica, sem a qual não podemos pensar a experiência mística, porque Aquele que existe desde todos os tempos foi revelado no tempo, na história, e criou o homem para ser amigo Dele. Se assim não fosse, nem mesmo a ressurreição teria sentido.

> Para Santo Agostinho, Deus não cria o homem por necessidade, mas "essa vida tem necessidade de voltar-se para o Criador, de viver cada vez mais próxima da Fonte da Vida, de ver a luz na Luz divina".[15]

Hannah Arendt, filósofa e política alemã de origem judia do século XX, dizia que "o homem é um ser imprevisível", e, citando Santo Agostinho, pontuava que só Deus sabe quem é o homem, pois Ele o criou. Essa imprevisibilidade se dá porque o ser humano possui a vontade e o livre-arbítrio. Devemos tomar decisões a todo instante, o que nos faz donos de nossas ações, no entanto percebemos que nem sempre somos realmente donos de nós mesmos, pois não agimos da forma que deveríamos agir, optando pelo erro ou o mais cômodo.

Apesar de muitos *coaches* renomados afirmarem que a negação da dor e a busca pelo prazer movem todas as ações do ser humano, podemos ver na vida de tantos santos, como São João da Cruz, que o que realmente molda um homem mergulhado em Deus é a liberdade interior que transcende as mazelas deste mundo. "Nega teus desejos e acharás o que deseja o teu coração".[16] Essa liberdade está em, muitas vezes, negar o prazer (que não significa felicidade e contentamento, mas algo que passa) e encontrar na dor, suportada por amor, satisfação interior. Ninguém sente prazer na dor, no entanto, pode sentir contentamento e felicidade nela se há um sentido amoroso para suportá-la. É importante, então, evidenciar que nossas opções sempre estão vinculadas a uma realidade interior, assunto que será tratado no decorrer deste livro.

Será falado também da importância do homem ser espiritual, pois sem essa elevação a Deus ele se perde em si mesmo e nas criaturas. Edith Stein dizia o seguinte:

> Sobretudo não se deve esquecer que o primeiro formador do homem não é o homem, mas Deus. É Ele quem dá a natureza individual e põe naquelas circunstâncias de vida nas quais ela deve desenvolver-se; Ele tem também a força de mudar lá no íntimo e compenetrá-la da sua ação, onde faltam as forças humanas.[17]

O homem encontra sua plenitude somente Naquele que o criou. Tracemos, pois, este caminho com a mente e o coração abertos para o que Ele quer nos ensinar sobre nós mesmos e sobre Si.

Capítulo II

ESTAR ATENTO

A deformação humana se dá no pecado original, e a causa do erro original está justamente no momento em que o homem tira os olhos do seu Criador, voltando-se para si mesmo. Antes do ato da desobediência, de comer o fruto proibido, como vemos no início livro do Gênesis, o ser humano já havia consentido em um erro anterior, que é a busca de si mesmo, pois a falsa promessa da serpente não o teria atraído se, anteriormente, ele não desejasse, em seu íntimo ser o próprio deus, conhecedor de todas as coisas. O pecado primeiro, então, provindo do ego, é o desejo da criatura de querer se colocar no lugar do seu Criador, e essa busca pela independência foi o motivo da desobediência. O pecado da desobediência apenas tornou visível o pecado original da idolatria.

Você já parou para pensar que o grande problema da humanidade, hoje, é o fato de as pessoas não reconhecerem seu lugar e viverem metidas na ambição de querer ser deus de si e de tudo que as cerca? Essa independência, baseada no olhar fixo em si, é geradora de desequilíbrios fundamentais, pois o homem, sempre que tira o olhar do seu Criador, perde a si mesmo.

O pecado original trouxe corrupção a todos os filhos de Adão, exceto à Santíssima Virgem Maria. O Papa São Pio X dizia:

> O pecado original mancha nossa alma desde o primeiro instante do nosso ser, faz-nos inimigos de Deus, escravos do demônio, desterrados para sempre da Bem-Aventurança, sujeitos à morte e a todas as demais misérias.[18]

Faz-se necessário voltarmos o nosso olhar para o Absoluto e reconhecer que Ele é o grande Eu Sou, sem o qual nada podemos. Todas as vezes que tiramos os olhos do Senhor caímos no pecado de origem, na idolatria de querer encontrar em si mesmos, e nas criaturas, o sentido da vida. São João da Cruz ensina que não devemos pôr os olhos nas criaturas porque ficamos escravos e perdemos o nosso único fim, que é o Pai.

Muitas vezes, o nosso olhar está nas coisas passadas, nas pessoas, naquilo que não deu certo, e acabamos perdendo o foco. Deus está se movimentando e acenando o caminho que devemos traçar, mas olhamos na direção errada. Quando colocamos nossos apoios nos outros, estamos criando portos de areia; no momento em que vier o vendaval, seremos assolados pela desesperança. É preciso tirar os olhos de tudo que não é Deus, senão cairemos. São João da Cruz dizia ao Senhor: "Como se elevará a Ti o homem, gerado e criado em torpeza, se não o levantares Tu, Senhor, com a mão com que o fizeste?".[19]

A cegueira humana se desenvolve até mesmo nas realidades mais corriqueiras do dia a dia, porque vivemos dispersos, levando a vida de qualquer jeito. José Saramago, escritor português e ateu, em *Ensaio sobre a cegueira*, diz: "Se podes olhar, vê. Se podes ver, repara".[20] Repare, leitor, que aqui se trata de três movimentos: olhar, ver e reparar. Muita gente olha e não vê; e se vê, não repara.

Hoje, não queremos mais procurar as raízes do que existe dentro de nós nem das realidades que vivemos, por isso estamos vivendo sem rumo e sem metas. Quando você é educado para reparar, passa a ser capaz de desconstruir as enganações e até mesmo as fantasias criadas por si mesmo na vida cotidiana e espiritual. Saramago, portanto, continua dizendo: "A pior cegueira é a mental, que faz com que não reconheçamos o que temos pela frente".

Não sei se temos a coragem de reconhecer que estamos cegos e temos aceitado tudo como algo normal. Se hoje ficamos sabendo, por um telejornal, que um homem foi assassinado, essa notícia já não faz mais diferença, pois não há uma visão especulativa sobre o que se escuta. Apenas se aceita, tendo em vista que todos já estão acostumados a não querer mais pensar e ponderar os fatos. Nossa atenção está cada vez mais ociosa e o mundo atual nos condiciona a isso, pois muitos são os atrativos que as realidades têm colocado diante de nós para que não vejamos o que de fato irá nos construir como pessoas melhores. Nós nos perdemos de nós mesmos e, consequentemente, de nossos relacionamentos.

Um grande e renomado teólogo chamado G. K. Chesterton conta uma história muito interessante no seu livro *O homem eterno*, em que ele enfatiza a importância de estar na Igreja e de não ter medo de olhá-la de fora, história a qual quero relacionar com o tema que estamos tratando. Ele dizia de um jovem que morava numa bela casa no campo e que um dia resolveu fazer uma viagem. Na estrada, olhou para trás e se espantou ao ver como era belo todo o seu campo. Passou, então, a apreciar a beleza de um todo, e não somente de partes do lugar onde morava, porque o seu olhar alcançou uma visão que jamais ele iria ter estando sempre perto. Olhar de fora é ter a visão de um todo, por isso é importante termos a coragem de lançarmos esse olhar de fora para dentro, a fim de ver o que, de fato, estamos nos tornando quanto seres vocacionados à eternidade vivendo no hoje. Dizia Chesterton:

Ora, a melhor relação para com nosso lar espiritual é ficar próximo o suficiente dele para amá-lo. Mas a melhor relação em segundo lugar é ficar longe o suficiente dele para não o odiar.[21]

Às vezes vamos precisar nos desapegar de nossa imagem para conseguirmos lançar um olhar de fora sobre nós mesmos, pois é recorrente a sensação de estarmos tão satisfeitos com o que fazemos que não percebemos o quanto nossas atitudes são mesquinhas e egoístas.

É muito fácil pensar que nos conhecemos, enganando-nos e mentindo para nós mesmo a fim de não mudar o que é preciso.

É fundamental educarmos a nossa visão, processo que requer vontade e esforço. Há pessoas cujo olhar é apurado para determinadas coisas porque estão no seu campo de interesse ou hábitat natural, ou por terem sido educadas para tal realidade. Os cientistas que trabalham na NASA, por exemplo, conseguem ver numa mancha que aparece no seu computador alterações na galáxia, mas se eu apenas olhar só enxergarei uma mancha como qualquer outra. Precisamos treinar a nossa visão para depurar a compreensão das realidades temporais e espirituais que vivemos. O ser humano geralmente não tem interesse de se conhecer, de se fazer aquelas perguntas que a Filosofia aborda: Quem sou eu? De onde vim? Para onde vou?

Quando não conseguimos ver a causa das nossas ações, agimos inconsequentemente. Skinner, psicólogo norte-americano, desenvolveu uma técnica chamada Behaviorismo, que visa à reeducação comportamental do homem, pois afirma que o comportamento humano é condicionado pelos meios em que se vive, desencadeando várias doenças, tendo em vista que baseamos nossa vida em troca de favores. "Faça isso que te dou aquilo." Por exemplo, se uma criança chora e, diante desta ação, a mãe sempre a pega no colo, o choro será uma ação que busca outra determinada reação. A criança vai chorar para ter colo, resultando num condicionamento comportamental de ambas as partes. Neste caso, vemos uma reação positiva, mas se eu toco num aparelho de som e tomo um choque, automaticamente pensarei duas vezes antes de encostar em outro aparelho como aquele – e, dependendo da experiência, não correrei mais o risco. Entendemos que nossas reações são, na maioria das vezes, condicionadas por experiências vividas. Muitas pessoas vivem encarceradas por experiências passadas, nem tendo consciência dessas prisões, porque não procuram estar atentas em conhecer-se.

Busque dentro de si o Mestre interior e Ele mostrará a você o caminho da liberdade a partir da aventura de desbravar o próprio ser. Aquele que não teme confrontar a si mesmo não tem medo de enfrentar a vida.

É necessário perceber as realidades interiores e as que nos cercam. Andar para trás, quando se tem diante de si um precipício, é evoluir. Será que eu tenho visto os precipícios diante de mim? Muitas vezes caímos nos precipícios que estão à nossa frente, sem enxergá-los, pois cegueira espiritual é justamente não voltar à essência. Voltar, às vezes, é prosseguir. Esteja atento!

Capítulo III

O HOMEM É BOM?

Diante de tantas atrocidades cometidas pelos homens, como entender que ele ainda pode ser chamado de bom? Aquele assassino que aparece no jornal é uma pessoa boa? Quando pensamos nas mais diversas maldades impostas nos campos de concentração, durante a Segunda Guerra Mundial, notamos que aqueles opressores agiam pior do que os brutos animais; como posso dizer que havia bondade em seus corações? Primo Levi, escritor italiano, em *É isto um homem?*, narra diversas atrocidades que viveu e presenciou no campo de concentração nazista, lugar de extrema solidão, onde o ser humano definha sem nenhum auxílio. Durante o Holocausto, milhares de corpos nus, mortos ou ainda em agonia, eram amontoados, refletindo a monstruosidade humana. Como o homem pode fazer isso com seu semelhante? O homem é bom?

Sim! Todo homem é bom em sua essência como imagem do Criador e se torna semelhança Dele quando corresponde a esse princípio. Sendo imagem da Suprema Bondade, traz em sua natureza a bondade; quando negligencia essa bondade, optando por negá-la mediante o livre-arbítrio, colherá frutos maléficos. Mesmo a pior pessoa possui uma disposição natural para o bem; está presente nela a vontade boa, mas falta a realização dela.

Com o pecado entra a desordem e o mal moral no mundo, pois o mal natural já está em toda criação. Uma vez que não geramos a nossa existência, pois só Deus é o Ser por excelência, somos seres relativos a Ele, por isso trazemos em nós, como consequência, o mal natural da própria limitação de sermos criaturas. O mal moral é fruto do orgulho humano provocado por sua vontade e livre-arbítrio, optando pela negação do bem. O mal tem sua origem, então, na privação do Bem. Deus concede o dom da liberdade ao homem, que é um bem em si mesmo, e o deixa colher as consequências das próprias decisões.

> No princípio Deus criou o homem, e o entregou ao seu próprio juízo.
>
> (Ecl 15,14)

Conforme visto anteriormente, o homem queria ser o próprio deus, conhecedor de todas as coisas e independente, queria elevar-se a uma dignidade que não lhe pertence – razão de cair na tentação do demônio. Após o erro, justifica-se colocando-se como vítima, e não como culpado. "A serpente me seduziu e eu comi" (Gn 3,13b). O fruto da ordem é a acusação de si mesmo; a desordem coloca a culpa no outro pelo mal realizado.

Toda natureza sofre a consequência do erro de Adão. O corpo, então, revolta-se contra o espírito do homem, levando-o à desordem e ao pecado. Dois males não o habitavam quando ele tinha a natureza imortal: a concupiscência e a ignorância.

As duas consequências do erro original, ao qual Santo Agostinho sempre associa ao mencioná-las, são a concupiscência e a ignorância. Dado que esses dois vícios tinham sido excluídos por Deus da natureza humana tal como Ele a havia concebido, pode-se dizer sem exagero que, pela vontade má do primeiro homem, a natureza humana encontra-se mudada.[22]

O livre-arbítrio provém da vontade, dom que Deus concedeu ao ser humano e benéfica em si mesma. Santo Agostinho ainda compara o dom da vontade a alguns membros do corpo humano, como a mão, que também pode ser usada para o mal.

Várias realidades podem explicar as más ações do ser humano. Alguns fazem o mal acreditando que estão fazendo um bem, pois se fundamentam tanto em suas crenças, que não conseguem enxergar a maldade de seus atos, justificando-os como necessários. São Paulo dizia:

> Não faço o bem que quereria, mas o mal que não quero. Ora, se faço o que não quero, já não

> sou eu que faço, mas sim o pecado que em mim habita. Encontro, pois, em mim esta Lei: quando quero fazer o bem, o que se me depara é o mal (Rm 7,19-21).

O *ser* é diferente de *fazer*. Eu posso ser uma pessoa branda e, em determinada ocasião, agir com agressividade. O ser é essência; o fazer é consequência de escolhas ou de imposições.

> O que distingue um homem bom de um homem mau não é propriamente o conteúdo do que cada um admite em suas máximas, mas a ordem de subordinação que um ou outro admite como princípio supremo de determinação de todas as máximas; ou seja, um homem só é verdadeiramente mau quando reverte a ordem dos motivos, quando submete a lei moral a uma lei do amor-próprio ou da felicidade (CORREIA, op. cit., p. 91).

Se o leitor avaliar um pouco, poderá perceber que muitas das suas reações não lhe trazem alegria, pois não são o que você realmente queria fazer. Há uma luta dentro de nós entre o mal e o bem, como aquela conhecida história do homem que tinha dois cães – um bom e outro mau – lutando constantemente dentro dele. Certa vez, perguntaram-lhe qual deles iria ganhar, ao que o rapaz respondeu: seria aquele que ele alimentasse mais. Quando falamos que o homem é bom, não descartamos a ideia de que ele pode gerar o mal, privando-se do bem. A bondade é o ponto de partida e provém de Deus; o mal é consequência de sua ausência e não provém do Senhor.

É importante considerar que o homem não perdeu toda a sua capacidade de conhecimento após a queda, mas o pecado trouxe-lhe um comprometimento muito grande dela. No entanto, o ser humano ainda é capaz de praticar as virtudes e a bondade, devido à ação da graça conferida a ele pelo Pai. O homem por si mesmo só é capaz de produzir o erro.

> Como Deus confere à natureza todo ser e toda operação, é Ele que preserva no homem decaído o poder de executar quaisquer ações virtuosas; é Dele, portanto, que chega ao homem todo bom uso do livre-arbítrio. Deixado a si mesmo, o homem possuiria propriamente apenas o poder de fazer o mal, a mentira e o pecado.[23]

Não somos sequer capazes de realizar um ato de bondade se não for pela graça de Deus, pois não a produzimos sozinhos. O que você tem que já não foi recebido? A Graça auxilia o ato humano. O Senhor não lhe pedirá algo que não seja capaz de corresponder. O primeiro passo é reconhecer que em nós não há nada de bom que não tenhamos recebido Dele. "Porque é Deus quem, segundo o seu beneplácito, realiza em vós o querer e o executar" (Fl 2,13).

Certa vez, Deus fez um pedido a São Jerônimo:

"Jerônimo, dá-me o que é teu."

Ele então respondeu: "Te dou toda minha vida, Senhor".

Deus então lhe diz: “Sua vida já é minha, eu que te criei. Dá-me o que é teu”.

Ele confusamente responde: “Te dou tudo que tenho, minha família, meus bens etc.”.

Deus novamente diz: “Mas tudo isso já me pertence, Eu quero o que é teu”.

Jerônimo então pergunta a Deus: “Senhor, o que é meu?”.

Ele diz: “Dá-me os teus pecados!”.

É preciso atenção para não cair nas armadilhas do demônio ou de nossa carne. Ao praticar alguma virtude, podemos sofrer a tentação de achar que somos bons; somos, então, tomados pela vanglória e pela soberba, que, segundo Santo Agostinho, não são grandeza, mas inchaço.

Certa vez, São Martinho de Lima ao descer a escada, ouviu uma voz chamando-o de santo e dizendo que ele era um homem repleto de virtudes, entre outros elogios. Martinho, pensando que era o Senhor que lhe falava, respondeu que era apenas o Seu humilde servo. No entanto, depois de um tempo, percebeu que aquela voz sedutora, que o lisonjeava, provinha do inimigo e imediatamente fez uma cruz na parede, repreendendo o enganador. De fato, Martinho era um homem santo e virtuoso. O demônio não estava mentindo a seu respeito, mas usou de sua santidade para fazê-lo cair na soberba de achar que tinha os méritos de suas boas ações. É preciso ficar alerta, pois o ego é nosso maior inimigo na vida espiritual e rouba-nos a santa humildade, que, segundo Santa Teresa, é a rainha de todas as virtudes.

Capítulo IV

O VALOR DA DOR NA VIDA DO HOMEM

A dor desperta dois aspectos distintos no ser humano: revolta ou sentido. Ou ela condena ou salva. A questão a ser tratada aqui é, além de procurar entender o que é a dor na vida do homem, apontar qual visão temos dela, bem como a reação que ela pode nos causar e quais são as maneiras de superá-la.

Não fomos criados para sofrer, mas para habitar no Céu, onde não existe dor, porque o próprio Deus será o nosso Sol. "Ele enxugará toda lágrima de seus olhos e já não haverá morte, nem luto, nem grito, nem dor, porque passou a primeira condição" (Ap 21,4). O desejo de ser feliz, que é intrínseco ao homem, vem do fato de ele já existir em plena realização quando habitava, desde toda eternidade, no Coração de Deus. Santo

Agostinho, portanto, diz: "Criaste-me para Ti e inquieto estará o meu coração enquanto não repousar em Ti".

É natural do ser humano fugir da dor, que fere sua essência, pois ela foi inserida na história devido à queda original. "Multiplicarei os sofrimentos de teu parto; darás à luz com dores" (Gn 3,16a). É importante compreendermos este conceito, porque ao entender que a dor é consequência da ruptura do homem com Deus, notamos, então, que o modo de superá-la é o ato de união com Ele.

Os santos foram pessoas que passaram por sofrimentos atrozes, seja no corpo ou na alma. Pensemos um pouco nas torturas que tantos mártires suportaram na história da Igreja, como São Lourenço, que teve o corpo queimado numa chapa quente e, mesmo sentindo aquela dor atroz, zombou da morte, dizendo ao soldado que o torturava que ele já podia virar seu corpo para assar o outro lado. Lembremos de Inácio de Antioquia, preso por ordem do Imperador Trajano, que teve de viajar durante nove anos num barco, partindo da Síria até Roma, para ser martirizado e onde foi jogado aos leões. Em uma de suas cartas à comunidade de Éfeso, ele pede aos cristãos que não façam nada para impedir o seu martírio e que deixem as feras serem seu sepulcro, pois para ele era uma honra ser chamado discípulo de Cristo e morrer por Ele: "Deixai-me ser pasto das feras, pelas quais chegarei a Deus. Sou o trigo de Deus, moído pelos dentes das feras para tornar-me o pão puro de Cristo".[24] Ele não temia a dor, pois sentia em seu interior a certeza de algo maior. Aqueles carrascos não tinham nenhum poder sobre ele, podiam dilacerar seu corpo, mas não tocavam sua paz de espírito.

> Que nenhuma coisa, visível ou invisível, me impeça de obter a posse de Jesus Cristo! Fogo, cruz, encontro com as feras, dilaceramentos, esquartejamentos, deslocamentos de ossos, mutilações dos membros, trituração do corpo, os mais perversos suplícios do diabo caiam sobre mim, contanto que alcance a posse de Jesus Cristo.[25]

Certamente você já ouviu falar em Chiara Luce, uma jovem italiana esportista que, aos 17 anos, foi diagnosticada com um dos tipos mais graves e dolorosos de tumor. Chiara ficou imóvel e em silêncio, não chorou nem se revoltou; depois de vinte e cinco minutos, saiu dos seus lábios o "sim" à vontade de Deus: "Se é o que queres, Jesus, é o que eu também quero".[26]

Essa frase a acompanha pelos seus, aproximadamente, dois anos de calvário. A garota sentia constantes dores intensas provocadas pela grande calosidade óssea nas costas, mas recusava a morfina, afirmando que queria dividir a Cruz com Jesus por mais um tempo. Todos que a viam testemunhavam que em seus olhos havia um brilho inigualável e sempre a encontravam com um sorriso nos lábios. Há um mistério que acompanha aqueles que estão em Deus, pois as realidades externas não os atormentam; preocupam-se com a vida interior. "Agora não tenho mais nada sadio. Porém, tenho ainda o coração com o qual posso sempre amar".[27]

A força de Chiara estava em seu coração. Quando sua mãe lhe perguntou se sofria muito, ela respondeu: "Jesus tira de mim as manchas dos pontinhos pretos com a água sanitária e isso queima. Quando eu chegar ao Paraíso, serei branca como a neve".[28]

Ela sabia o valor do sofrimento, assunto que tratamos neste livro também, pois ele é um meio que nos aperfeiçoa para uma vida em Deus. Chiara não tinha dúvidas que o Pai a amava profundamente. Depois de uma noite de dores atrozes, dizia que sofria muito, mas a sua alma cantava. Ela pediu à sua mãe um vestido de noiva, com o qual gostaria de ser enterrada, e que cantassem forte em seu velório celebrando o seu matrimônio com Jesus. As suas últimas palavras dirigidas à mãe foram: "Seja feliz, assim como eu o sou!".[29]

Hoje, a voz dessa menina alcança seu coração: "Seja feliz". O caminho para a felicidade passa pelo conhecimento de si, pois a vida desordenada só causa transtorno e desilusão. Eu cito essa história porque vemos aqui uma jovem que teve um verdadeiro autodomínio de si diante da morte, porque descobriu o amor que habitava seu interior e que a fortalecia a cada respiração.

Santa Águeda, por não aceitar se casar com um nobre italiano – porque seu coração já estava possuído por outro amor, que é o próprio Cristo –, foi condenada à morte e teve seus seios cortados. E aqui podemos citar inúmeros casos de pessoas que não tiveram medo da dor, pois encontraram um sentido maior para suportá-la.

São João da Cruz, no desejo de viver a radicalidade do Evangelho, pensa em ir para a Cartuxa, mas decide permanecer no Carmelo e, junto a Santa Teresa, trabalhar na reforma da Ordem, pois estava decepcionado com o relaxamento da vida conventual em que viviam os conventos carmelitas. No entanto, encontrou grande resistência por parte de seus confrades, que o encarceraram por nove meses num cubículo sem janela. Ali ele tinha que fazer todas as suas necessidades fisiológicas sem poder ao menos tomar banho. Recebia disciplina toda sexta-feira, sendo chicoteado, e tinha que ficar estirado na porta do refeitório para que os frades pisassem nele ao entrar. Comia pão e água e às vezes metade de uma sardinha. Dentro dessa prisão, pede ao vigia papel e tinta e ali nasce o *Cântico espiritual*, uma obra magnífica no trato de comunhão com Deus. Ele sabia que nenhuma cadeiazinha seria comparada ao grau de Glória que sua alma buscava.

Seu irmão Francisco testemunhou que quando João da Cruz pegou um quadro de Jesus, que antes estava dentro do convento, e o colocou na Igreja. Cristo ficou tão feliz que lhe disse para pedir o que quisesse que Ele lhe daria. Foi então que disse a Jesus: "Senhor, quero trabalho, padecer por vós, e ser menosprezado".[30]

Alguns podem pensar que isso é masoquismo, mas só compreendem as almas santas aqueles que se lançam no caminho que eles traçaram.

O próprio Filho de Deus assume a dor, fazendo-se homem e morrendo no alto de uma Cruz, tendo passado por torturas atrozes na flagelação para que Nele toda criatura reencontrasse o valor do sofrimento.

Você pode se perguntar: qual segredo leva a essa perseverança? A resposta é muito simples e eficaz: o amor! Quando nos referimos ao amor, falamos de intimidade, proximidade, conhecimento, e isso só se dá quando há o desejo de estar com o outro.

Se permitimos que as realidades externas determinem o nosso estado interior é porque não encontramos um sentido para vivê-las. Posso citar um exemplo bem simples para esclarecer o que acabo de dizer: quando eu era adolescente, precisava acordar de madrugada durante a semana para ir à escola, e quantas vezes foi difícil ter de fazer isso, pois estudava em outra cidade e muitos fatores me custavam muito: a distância, ter que dormir pouco, sair da cama quente para enfrentar o frio. E quando era tempo de chuva, então, era mais difícil ainda! No entanto, quando comecei a me interessar por um rapaz que estudava comigo, podia estar fazendo frio, a distância era a mesma e os obstáculos poderiam até ser piores, mas não me custava mais ir à escola, porque havia uma intenção interior maior do que as dificuldades externas. Aqui eu citei alguns dissabores corporais, mas podemos ampliar este exemplo para tantas realidades que vivemos, seja na vida humana ou na espiritual. Santa Teresa d'Ávila dizia que "quando se ama tudo se é fácil".[31] Ela não está desconsiderando as dificuldades, mas afirmando que o amor tem o poder de superá-las. Queremos que a realidade externa mude para podermos ser felizes, e descobrimos que o que precisa mudar é nosso coração.

Viktor Frankl, médico psiquiatra austríaco, passou por muitas torturas no campo de concentração e viu diversos homens perderem a vontade de viver porque se entregaram às realidades que estavam sofrendo. Viktor conseguiu encontrar um sentido interior para poder ter forças para prosseguir. Em seu livro *O homem em busca de um sentido*, ele afirma que uma das motivações de sobrevivência foi pensar na esposa que o esperava em casa. A situação dele era a mesma daqueles outros homens que se entregaram ao sofrimento e, por isso, não conseguiram continuar, o que nos mostra que o sentido faz toda a diferença.

Durante o tempo do nazismo, inúmeros judeus perderam a fé nos campos de concentração, porque não suportavam mais o silêncio do Senhor em meio a tanta dor. Muitos estavam revoltados contra o Deus que parecia dormir enquanto a injustiça e o mal imperavam. Existia uma lei nos campos de concentração chamada represália, que era a condenação pública de prisioneiros caso algum fugisse. Um dia, um deles fugiu e os nazistas condenaram 10 homens ao enforcamento e todos os demais tinham de assistir à execução. Entre os condenados a morrer estava uma criança. Depois que os 9 homens haviam morrido, aquele menino raquítico ainda se debatia em agonia na corda, porque seu corpo pequeno prolongava sua morte, tornando-a mais dolorosa. Então, ouviu-se um grito, como tantas vezes se escutava por ali: "Onde está Deus?". Outro prisioneiro gritou em seguida: "Deus está na forca com ele!". Aquela mesma cena dolorosa causava reações distintas naqueles dois homens, porque ambos tinham visões diferentes da realidade. Qual tem sido o seu grito em suas dores? O momento em que achamos que Deus está longe é quando Ele está mais perto.

A dor não pode tirar a nossa visão, pois fomos criados para a alegria eterna. Não existe nada que o Pai não possa resolver, mas quando Deus se cala é porque quer nos ensinar que Ele é maior do que tudo e não temos o que temer. Mesmo se não vemos resultados com nossos olhos corporais acreditamos que o Altíssimo tira um bem maior de tudo, se estamos entregues ao Seu amor. "Aliás, sabemos que todas as coisas concorrem para o bem daqueles que amam a Deus, daqueles que são os eleitos, segundo os Seus desígnios" (Rm 8,28). Tudo significa "tudo", até mesmo o sofrimento. Nossa preocupação deve ser, então, amar a Deus com todas as nossas forças e nosso entendimento; para isso, precisamos nos aproximar Dele. Se há proximidade com o Senhor, mediante a vida de oração, nasce em nós a certeza de que não estamos sozinhos, mesmo quando não entendemos o que está acontecendo. A beleza está em ter sede Dele mesmo quando não O sentimos, está naqueles momentos que dizemos a Ele que não sabemos amá-Lo amando-O, ou que não sabemos falar com Ele, falando; que não conseguimos ouvi-Lo, cumprindo o que Ele ensinou. A verdadeira intimidade não está no contentamento, mas na busca da alma de agradar em tudo o Seu amado Senhor.

Somente quando temos um espírito de Fé conseguimos ver além da situação e compreendemos que as dores são correções de um Pai que é amor e não quer que Seu filho se perca, "pois o Senhor corrige a quem ama e castiga todo aquele que reconhece por Seu filho" (Hb 12,6), mas também pode ser apenas consequência e fruto de nossas más escolhas. Na maioria das vezes, colhemos dores que nós mesmos plantamos. Se uma pessoa fuma e bebe, ela está se arriscando a ficar doente ou até vir a falecer por causa dessa realidade. Se alguém corre acima da velocidade e é imprudente no trânsito, há propensões de um acidente e grande pode ser o seu sofrimento e de sua família. A questão é que muitas vezes Deus nos orienta como proceder e O desobedecemos; quando nos damos mal, ainda O culpamos por aquilo que nos aconteceu. Muitas provações são permitidas por Ele para nos purificar e outras tantas são frutos dos nossos erros.

São João da Cruz, quando trata da noite escura da alma, diz que Deus faz uma cirurgia na alma corrigindo os apetites que ela traz em si e que tem deturpado sua essência de herdeira do Trono Celeste. Essa operação é dolorosa, pois é para a purificação da alma.

> [...] tudo se resume em padecer nesta obscura e árida purificação do apetite, em que se vai curando de numerosas imperfeições, e ao mesmo tempo se exercitando em grandes virtudes, para tornar-se capaz do amor de Deus.[32]

Daí você pode se perguntar: Deus, sendo tão bom, não usa anestesia e gera sofrimento para a alma? Por quê? A resposta é simples: a dor faz parte do processo de purificação! Deus não quer o sofrimento para nós, assim como não quis o sofrimento para Seu Filho Jesus, mas Ele sabe que o homem, uma vez que é tocado pela dor, deve ser purificado também por ela. Visto que a alma se lança no gozo do pecado, ela necessita ser purificada pela dor não por castigo de Deus, mas como consequência da própria alma, que se decidiu pelo prazer pecaminoso. No entanto, essa dor é saborosa para aqueles que estão em Deus, pois, se vivida no amor, gera vida. Como a dor de um parto, é intensa, mas gera vida. São os mistérios de como o Pai conduz os seus amados. "É melhor sofrer por Deus do que fazer milagres."[33]

O dualismo platônico ensinava que o corpo é ruim e a alma é boa. No cristianismo, porém, há uma depuração dessa realidade, tanto que Tomás dizia que se o corpo em si fosse ruim os animais poderiam pecar, pois bastasse ter corpo para cair no erro. Entende-se, então, que o erro passa pelo corpo (os sentidos), mas é admitido pela alma (razão); é uma ação composta do corpo e da alma. Os extintos pecaminosos, portanto, devem ser admoestados por um domínio interior. Segundo João da Cruz, esse domínio de si se dá pela mortificação dos sentidos. Santa Teresa dizia que mais vale o homem vencer-se no paladar do que em qualquer outra área, porque aquele que tem um corpo disciplinado mediante os dissabores consegue vencer qualquer tentação carnal. João da Cruz chama isso de purificação ativa, que é aquela que eu opto por fazer, como escolher comer aquilo de que não gosto. Já a purificação passiva é quando aceito, de bom grado, as dores que outras realidades me impõem. No entanto, uma pessoa que já está disciplinada, na purificação ativa, consegue suportar, com mais resiliência as situações dolorosas que a vida lhe apresenta. O grande problema é que em nossa sociedade o comodismo e o bem-estar das facilidades são regras a ser vividas. As pessoas não têm mais forças para lutar em meio aos sofrimentos porque estão mal-acostumadas ao sabor dos prazeres e do que é provisório. Para muitos pode parecer loucura a linguagem do santo padre João da Cruz, quando este ensina que alguém, se quer chegar a tal lugar, deve ir por onde não quer; e entre o mais fácil e o mais difícil, deve escolher sempre o caminho mais difícil.

> Para vir a ser tudo – não queiras ser algo em nada.
>
> Para vir ao que não gostas – hás de ir por onde não gostas.
>
> Para vir a possuir o que não possuis – hás de ir por onde não possuis.
>
> Para chegar ao que és – hás de ir por onde não és.
>
> Para vir a saborear tudo – não queiras ter gosto em nada.
>
> Para vir a saber tudo – não queiras saber algo em nada.
>
> Para vir a possuir tudo – não queiras possuir algo em nada.[34]

Somente aqueles que são tomados por um amor maior conseguem enxergar que este é o caminho da verdadeira liberdade interior, porque as realidades não terão mais nenhum domínio sobre a alma. Como dizia Teresinha: "um caminho de gigantes".[35]

A vida de ascese e mortificação é o caminho pelo qual o homem descobre a liberdade interior, pois a configuração ao Cristo sofredor derrota as paixões que habitam na alma. São João da Cruz ensina que uma pessoa, quando persevera nas práticas de uma vida ascética, passa a ter grande domínio de suas más inclinações, pois seus inimigos – o demônio, o mundo e a carne – vão perdendo força. E se derrubamos um, enfraquecemos os outros.

> Para vencer qualquer destes três inimigos é *mister* vencê-los os três, e, enfraquecendo um, se enfraquecem os outros dois, e, vencidos estes três, cessa a guerra para a alma.[36]

Obviamente, contando sempre com o auxílio da graça divina, sem a qual nada podemos fazer de bom.

Conta-se que um dia Santa Teresa d'Ávila, indo para uma de suas fundações, foi acometida por um acidente. A carroça que a levava virou no meio da estrada e ela, que já estava com fortes dores no corpo, perguntou para Deus por que Ele tinha permitido tal situação, uma vez que ela estava a serviço Dele. Deus, então, responde: "Teresa, é assim que trato meus amigos". Ela então diz a Ele: "Por isso o Senhor tem tão poucos".

Enquanto os gnósticos usam o círculo como forma da perfeição racional, o cristão assume a forma de Deus que é a Cruz, e esta sim testemunha a perfeição, pois seus braços apontam o infinito. Para adotarmos a forma da Cruz é necessário cortar as arestas, e isso dói, pois há em nós a deformação do pecado original. No entanto, a promessa para aqueles que não têm medo de se configurarem com o Cristo é a seguinte: "Tenho para mim que os sofrimentos da presente vida não têm proporção alguma com a glória futura que nos deve ser manifestada" (Rm 8,18). Nunca se esqueça de que, por maior que seja a dor, vale a pena seguir o Ressuscitado, pois ressuscitaremos com Ele!

Se queres chegar à posse de Cristo, jamais o busques sem a Cruz.[37]

Se perdermos a visão da beleza da dor na vida espiritual, estaremos perdidos. Quantos caem no desespero no momento de dor, e isso machuca, porque não fomos criados para o desespero, mas para uma vida elevada, um lugar interior onde repousa a paz, como a calmaria das águas de um rio que reflete o luar.

Capítulo V

O HOMEM E A GRAÇA DIVINA

"Tudo é Graça"
Teresa de Lisieux

Santa Teresinha tinha razão com essa frase, porque o simples fato da existência já é graça. Deus, em Seu amor inefável, concede ao homem o Seu favor, mesmo ele nada fazendo para merecer tal benevolência. Graça, *charis*, é um presente que a criatura recebe do seu Criador, porque a própria criação é um dom de Deus para o homem.

Trataremos aqui, de forma simples e objetiva, de alguns pontos fundamentais de como é a ação da graça do Senhor na vida do homem para que possamos não só compreender no intelecto, mas sobretudo viver em função de tal benefício.

Quando Deus criou o homem Ele o fez em estado superior ao estado presente, ou seja, Adão foi criado sem imperfeições naturais, não sofria nenhuma dor, não estava submetido a nenhum mal e era dotado de sabedoria. Não se esforçou para conquistar essas capacidades, elas provêm do Senhor, do seu Criador, por isso graça é dádiva, são os dons gratuitos de Deus para o homem.

Em *A introdução ao estudo de Santo Agostinho,* o filósofo Étienne Gilson ensina que bastava ao homem perseverar para continuar a gozar dos dons que Deus lhe deu. Enquanto Adão contava com a Graça para perseverar no bem, hoje o ser humano necessita da Graça para vencer o mal provindo da corrupção que ele sofreu por causa do pecado. Santo Agostinho afirma que essa ruptura se deu em razão de uma fraqueza do livre-arbítrio do homem, que optou por si, e não por Deus. Como já falamos aqui, o fato de termos dificuldades para o saber e sermos ignorantes e errantes é porque nossa primeira condição foi rompida pelo pecado e dele provêm os castigos e deficiências que temos hoje em nossa natureza.

A obediência que Deus pediu ao ser humano é a virtude que deveria proteger todas as demais. O Pai deu tudo ao homem, apenas exigiu dele a obediência no desejo de assegurar a obediência em si, mas ele, dotado de livre-arbítrio, decide desobedecer. Utiliza, então, da opção de escolha para se desviar do Senhor. Você pode se perguntar: Mas por que Deus nos deu o livre-arbítrio? Não poderia Ele ter tirado a liberdade humana já que pode todas coisas? Permita-me lhe responder com outra pergunta: Poderia o amor não tornar livre o ser amado? Onde há escravidão não há amor! Muitas outras respostas, a este tipo de questionamento, abordaremos em outros capítulos deste livro.

É fundamental reiterar que o homem, antes da culpa original, vivia em profunda comunhão com Deus, pois foi criado para isso. No entanto ele perdeu essa comunhão direta com seu Criador pela corrupção do pecado. Por essa razão, no Antigo Testamento, quem fazia a conexão do povo com Deus era o sumo sacerdote, oferecendo sacrifícios para expiar os pecados do povo.

Com efeito, todos pecaram e todos estão privados da glória de Deus.

(Rm 3,23)

Em Jesus nós recebemos a Graça de termos essa reaproximação que foi perdida pelos nossos primeiros pais, pois Ele é o Sumo Sacerdote do Novo Testamento por excelência que se fez sacrifício para nossa justificação.

Porque a graça de Deus se há manifestado, trazendo salvação a todos os homens.

(Tt 2,11)

A graça da salvação é a dada a todos os homens como dom gratuito. Neste versículo da carta aos Romanos está bem claro qual era o nosso merecimento e o que Deus fez por nós:

Porque o salário do pecado é a morte, enquanto o dom de Deus é a vida eterna em Cristo Jesus, nosso Senhor.

(Rm 6,23)

O homem se torna mortal porque se separa da árvore da vida mediante o pecado. Antes do pecado, ele vivia em privilégios, virtudes e gozava da liberdade de relação com o seu Criador.

Enquanto merecíamos a morte, Cristo nos dá a própria vida na Cruz para pagar a nossa dívida. Este é o maior presente que você poderia receber! Mas por que nem todos se salvam, se a salvação foi concedida a todos? Simplesmente porque não adianta eu receber um presente e desconsiderá-lo vivendo como se não o tivesse ganhado. Se o seu pai lhe presenteia com um automóvel, mas você continua usando transporte público ou se locomovendo a pé, mesmo se o carro estiver na sua garagem é como se não o tivesse. Assim é o dom da Salvação, é necessário acreditar e viver em função dessa graça, recebida mediante a fé – não por merecimento do homem, mas por gratuidade absoluta de Deus.

> Assim, o homem começa a ter a graça quando começa a crer em Deus, sob um aviso que a ele vem seja de dentro, seja de fora. A princípio concebida, depois nascida na alma, essa nova vida faz um homem novo daquele no qual a partir de então ela irá se desenvolver.[38]

Existe, portanto, a primeira graça oferecida, a graça natural, que é dada ao homem em sua natureza humana, quando é criado, para que persevere no bem. A segunda é a graça sobrenatural, concedida a ele após a queda original para que vença o mal sobrenatural, que é consequência do próprio erro.

Por volta do ano 400 d.C., um monge britânico chamado Pelágio apareceu em Roma e levantou heresias na Igreja, contrapondo a ação da graça de Deus na vida do ser humano. Ele afirmava que o homem não tinha sido tocado pela corrupção da culpa original, pois o poder da vontade humana é decisivo e suficiente na experiência da salvação. Sua célebre frase expressa claramente essa mentalidade, quando afirma: "Se eu devo, eu posso". Para Pelágio não existe a graça que precede os bons atos humanos, pois diz que ela age somente depois que a pessoa peca, para restaurar. Essa teoria serviu para refutar o que ensinam Santo Agostinho e São Jerônimo. Para Santo Agostinho, a graça atua antes, durante e após o ato do homem, tanto para prevenir e combater como para reparar o erro. Ele dizia: "Dá-me o que me ordenas e ordenas o que quiseres". Ou seja, Deus concede ao homem, primeiramente, a capacidade de executar o que lhe pede. Teresinha, portanto, afirmava: "Deus não coloca em meu coração desejos irrealizáveis". Ele já lhe deu a capacidade de vencer as provações que se apresentam, como aquele professor que aplica a prova, mas já deu a você as respostas, para que sua nota seja 10. O problema é que não consultamos o Pai em nossas decisões e, depois, queremos obter êxitos. O máximo que alguns que se dizem piedosos têm feito é pedir que Ele abençoe suas decisões; agindo assim, muitas vezes, negam o melhor que o Senhor reserva para o seu bem físico e espiritual. Jamais se esqueça de que o Altíssimo, conhecedor de todas as coisas, a pura Sabedoria e Ciência, está contigo. Não tenha medo de falar com Ele e pedir o auxílio de sua graça em todos os seus passos.

Você já deve ter ouvido aquele velho ditado: "Deus dá o frio conforme o cobertor". Não tenha dúvida de que Ele já lhe deu o cobertor, basta confiar e dar passos obedientes à Sua Santíssima vontade.

Pelágio afirmava que o homem não precisa da graça para ser salvo e que poderia fazer o bem sem o seu auxílio. Para ele, o bem poderia ser executado simplesmente mediante o livre-arbítrio, e a alma é inocente e capaz de vencer o mal por si mesma, sendo independente. No entanto, Deus concede ao homem Sua graça para que ele possa vencer as realidades pecaminosas e viciosas. E *ele não pode salvar-se sem o Seu auxílio.* Dá a ele também mandamentos para que tenha consciência de suas culpas, pois a função da Lei é orientar o homem decaído ao caminho certo e ajudá-lo a combater o pecado, mas somente a graça é capaz de levar o homem ao cumprimento dela.

O pelagianismo foi condenado oficialmente pela Igreja antiga nos concílios de Cartago (418 d.C.), de Éfeso (431 d.C.) e de Orange II (529 d.C.). No entanto, percebe-se que essa linha de pensamento ainda está muito presente na sociedade, sobretudo nos dias de hoje. Estamos vendo um grandioso e maléfico aumento de um ateísmo prático, por meio do qual as pessoas vivem esquecidas dos bens eternos. São tantas realidades cotidianas, que é difícil se lembrar de corresponder à graça da salvação. Muitas são as preocupações que têm roubado a alma humana daquilo que lhe é primordial: a vida em Deus. O presente está sendo jogado fora e a perdição será a sobra.

Há dois extremos: os céticos, que não acreditam em nada, e os autossuficientes, que se acham conhecedores de tudo que os cerca mediante o racionalismo. Poucos reconhecem que sem Deus não podem sequer respirar e que há uma ordem sobre toda a criação que foi inserida pelo Criador. Mesmo a ciência, que nasceu no ocidental, por causa dos cristãos – pois somente eles puderam entender que as coisas têm lógica –, é limitada. Apenas Deus tem conhecimento pleno e infinito sobre todas as coisas. Santo Tomás dizia que mesmo com toda a nossa inteligência não podemos esgotar a essência de uma mosca. O homem que procura viver em função de si mesmo, depara-se com o vazio, pois nega a atuação do auxílio de Deus.

Capítulo VI

O QUE É O BELO?

Atualmente, temos visto uma necessidade quase vital das pessoas em se expor nas redes sociais. Para muitos, o corpo humano tem se tornado objeto de amostra sensual e sedutora. Caso eu esteja insatisfeita com determinada parte dele, posso mudar fazendo uma plástica; se eu não gosto do meu cabelo, basta trocar a cor ou o corte. O importante é se sentir bem consigo mesmo tendo a aparência que mais lhe agrada, afinal ninguém gosta de ser esteticamente desprovido de beleza, não é mesmo? E quantas piadas existem em relação a isso: "Fulano é feio igual briga de foice no escuro", "Aquele ali parece o cão chupando manga de tão feio que é". E, certamente, você deve conhecer tantas outras.

É salutar certa medida de vaidade, sobretudo nas mulheres, e não descarto aqui a necessidade de cuidarmos do corpo e da saúde, pois somos templos vivos de Deus, mas é notório que existe um grande desequilíbrio nesse sentido. É importante, por isso, as pessoas se conhecerem bem para perceber se realmente a vaidade não as tem tornado reféns daquilo que o mundo idealiza, determinando quem elas não são.

Há mulheres consideradas as mais bonitas do mundo, mas essa conclusão a que se chega é relativa, pois, como diz o ditado popular, "gosto não se discute". E acredito que seria uma afronta às demais mulheres escolher somente uma ou outra como "a mais bonita". Quantas foram avaliadas? Onde foi feita essa avaliação, e por quem? Apesar de haver um critério para tanto – como, além da exigência de uma aparência esteticamente bonita, a simetria corporal –, o que dizer daquela mulher linda que, pela pobreza, mora nas ruas e cuja beleza física lhe foi roubada pela vida que leva? Este é um dos exemplos que demonstram o quanto somos massificados e controlados pelo mecanismo social e pautamos nossa vida nisso. No entanto, é primordial sabermos que, em meio a todas essas possíveis enganações, há outra realidade de beleza, não muito procurada pela sociedade, que é a mais importante de todas: a beleza interior.

O ser humano é atraído por tudo aquilo que é Belo Verdadeiro e Bom – princípios que o fazem transcender as realidades contraditórias e dar sentido à sua vida. É importante que a busca por eles seja despertada, como um grande tesouro. Se os valores humanos são deturpados e tratamos com indiferença o mistério que ele traz em si, percebemos que a Verdade passa a ter valor relativo, o Belo não atrai mais e a Bondade se torna subjetiva.

A beleza interior está relacionada a uma vida que cumpre as finalidades e a ordem das coisas criadas praticando o bem. Quanto mais uma pessoa possuir essa beleza, mais ela será reflexo do que verdadeiramente importa: ser a transparência do Belo que é Deus, Daquele que decidiu habitar em nós com Sua formosura para cobrir nossa deformidade. Santo Agostinho sempre repetia: "O amor nos torna belos".

A beleza tem sua origem e está alinhada, consequentemente, ao conhecimento da Verdade, exercendo-a na prática do Bem. Quando eu vivo a Verdade praticando o Bem, percebo que essa retidão se torna atraente para os demais. Essa atração é o Belo. Você já percebeu como as pessoas boas são muito mais procuradas e acessadas? Ninguém gosta de ficar perto de indivíduos maus, pois a maldade não tem nenhum atrativo; a bondade, porém, atrai por si mesma.

Tratando de relacionamentos amorosos, muitas vezes, deparamos com indivíduos simetricamente bonitos, mas que trazem tantas devassidões e tristezas interiores, provindas de uma vida mergulhada na imoralidade, que não conseguem atrair ninguém que os ame de verdade. São procurados somente pelo corpo – uma das razões de termos visto tanta instabilidade na vida conjugal e, por isso, tantos divórcios. Esse tipo de pessoa sofre muito, já que lá no fundo, por mais que não demonstre, anseia por ser valorizada, mas não se dá conta de que a própria desvalorização parte de si mesma. Em contrapartida, aquele que traz bondade e retidão em seu interior possui uma marca diferente em seu semblante que nem o melhor cirurgião plástico do mundo é capaz de desenvolver, porque é moldado pelo Médico dos médicos: Deus, o Belo por excelência. Jesus é chamado de Médico dos médicos não só por usar Suas mãos para curar, mas também por corrigir defeitos mediante cirurgias. Será que você está procurando o médico certo? Será que a cirurgia de que você precisa não é em seu interior? Ele quer lapidar sua alma, e às vezes vai doer, pois há muita deformação causada por suas escolhas erradas. Mas deixe-O cuidar de você e verá que a consequência se manifestará também em todo o seu exterior, porque você é muito mais do que seu corpo.

Ser belo é não ter medo de continuar pagando o preço pela honestidade, é ser sinal da presença de Deus para todos, porque Aquele que está na Videira está na verdade e se torna verdade, e esta é refletida pela prática das virtudes. Negar a verdade é assumir um caminho de riscos e vícios.

> As maiores almas são capazes dos maiores vícios, como também das maiores virtudes, e aqueles que só andam muito devagar podem avançar bem mais, se seguirem sempre pelo caminho reto, do que aqueles que correm e dele se afastam.[39]

A Verdade transcende e está acima de nós, pois existe desde toda a eternidade. Nosso papel é ascender a ela. A filosofia aristotélica nos faz chegar a certas conclusões com base em três princípios básicos: princípio da identidade, da não contradição e do terceiro excluído. De acordo com o primeiro princípio, o que é não pode deixar de ser; ele é. Também Parmênides, filósofo pré-socrático, defendia esse conceito de que tudo que existe tem uma essência imutável. Por exemplo: o homem é homem, e não tem como ele deixar de ser homem, por mais que queira. Segundo o princípio da não contradição, não tem como uma coisa ser duas ao mesmo tempo, porque ela se contradiz em si mesma. Por exemplo: o homem não pode ser homem e mulher ao mesmo tempo, porque há uma contradição. E o último do terceiro excluído diz que não existe meio-termo; ou é ou não é. Outro exemplo: há o homem e a mulher, ou se é homem ou se é mulher; não existe meio-termo. A própria Sagrada Escritura diz: "Dizei somente: 'Sim', se é sim; 'não', se é não. Tudo o que passa além disso vem do Maligno" (Mt 5,37).

A mente do ser humano é imaterial para conceber as coisas pela abstração, isto é, extrair a essência do objeto e formar um conceito – o conceito universal, que está na mente. O ato de inteligir é conhecido, pois a mente capta a verdade das coisas. Se eu vejo uma caneta, automaticamente minha inteligência gera uma visão universal, por isso identifico todas as demais canetas.

> Em segundo lugar, a inteligência capta objetos não sensíveis, como a ideia de verdade, por exemplo, ou a de Deus, enquanto o sentido não pode ultrapassar a percepção das propriedades corporais. A inteligência, além disso, é uma faculdade que pode, por reflexão, tomar consciência

> de si mesma e de sua atividade; o que não é dado ao sentido, ao menos em um mesmo grau.[40]

O *nominalismo* é uma corrente filosófica iniciada por Roselino, autor medieval que afirmava que não existe um conceito de verdade universal, mas, sim, "nomes". A mente formula a imagem e lhe dá o nome; não há abstração, é apenas uma coleção de nomes e imagens registrados na mente. Cada um tem um conceito e uma ideia particular de verdade, sendo, de certa forma, um tipo de gnosticismo. Assim, perde-se todo o aspecto científico, porque se acredita que cada cabeça pode sentenciar a própria verdade – daí provêm o relativismo e tantos outros conceitos deturpadores.

No segundo período da era escolástica medieval, que começou no século XIII com Santo Alberto Magno e Santo Tomás de Aquino, prevaleceu a posição do realismo moderado, pois esses grandes teólogos conseguiram combater as mentiras que os nominalistas propagavam. São Boa Ventura foi um dos grandes homens que conseguiram derrubar essa corrente ilusória. No entanto, o nominalismo reviveu mais tarde, no século XIV, com o filósofo inglês Guilherme de Ockham e trouxe consequências desastrosas para a humanidade, pois grande parte dela assumiu a deturpação da ética e da verdade.

O problema dessa linha de raciocínio é que se cada um tem um conceito particular de verdade, então o homem é um ser diferente para cada um. Não há um fundamento e uma explicação científica sobre ele, pois será diferente na mente de cada um.

O subjetivismo e o relativismo são concepções filosóficas existentes desde a Antiguidade. Subjetivismo é toda teoria que possa afirmar que o que é verdade para um sujeito pode não ser para outro, limitando a validez da Verdade ao sujeito que conhece e julga, e tem os sofistas como os primeiros a optar por suas reflexões. O filósofo grego Protágoras foi um dos principais representantes do relativismo, e dizia que o homem é a medida de todas as coisas. Pela primeira vez, um filósofo colocou o ser humano no centro do pensamento, inaugurando a ideia de que a verdade depende da experiência pessoal. Descartes afirmava que, para conhecer a verdade, é preciso, de início, colocar todos os nossos conhecimentos em dúvida.[41] Para o subjetivismo e o relativismo não existe nenhuma verdade universalmente válida, mas se as coisas não tivessem ciência não seriam inteligíveis. As coisas foram feitas para serem inteligíveis, conhecidas, por isso é impossível dizer que vieram do nada. Se assim fosse, nada teria sentido. Tudo está em conexão com um todo, tem sentido, é metafísico, ou seja, está além da física natural.

O relativismo ensina que não existe verdade, porque, segundo os nominalistas, eu crio a minha verdade. No entanto, se eu afirmar que 3 + 3 = 8, o leitor vai me dizer que é mentira, ou poderia falar que este livro que você tem em mãos é uma geladeira. Perceba que não há fundamento, pois tudo tem uma essência de verdade e uma razão de ser. Se todos concordam que 3 + 3 = 6, é porque há uma verdade suprarracional, transcendente e todos tem acesso a ela; se assim não fosse, nunca chegaríamos a nenhuma conclusão. "Verdade conhecida é verdade obedecida", dizia Platão.

É necessário que a nossa inteligência aceite a verdade. Por exemplo, eu não posso querer ser Deus, pensar e passar a ser Deus. Não posso dizer que sou um cavalo se sou um homem, porque eu acharia que o que está dentro da minha cabeça é maior do que aquilo que transcende fora dela. O homem é homem, aceitando ou não, esta é a verdade que deve ser obedecida independentemente se ele se sente um cavalo ou outra coisa fora do próprio ser, pois isso não muda o que de fato ele é. É lamentável ver os princípios fundamentais da vida humana sendo deturpados por mentiras, e estas ainda são aceitas como verdade. Santo Antão, já no século II, profetizava sobre nossos dias dizendo: "Chegará um tempo em que os homens enlouquecerão e quando virem alguém que não enlouqueceu o atacarão dizendo: não és louco, não és como nós". A sociedade quer implantar a devassidão como modo de vida e aqueles que desejam viver a Verdade são taxados de alienados e preconceituosos. Será que ninguém percebe o quanto as pessoas libertinas são tristes e frutadas em seu interior? Querem viver em função das próprias "verdades", mas trazem em si uma cegueira tão intensa, que não percebem o desequilíbrio total do seu modo de pensar e agir. Não devemos questionar aquilo que é inquestionável. Hoje, muitos contrapõem a linguagem dogmática porque não se abrem à Revelação Divina na história da humanidade, achando que seu racionalismo limitado é maior que a Suprema Razão. Todas as vezes que questionamos a Verdades reveladas pela Igreja, Depositária da Fé, questionamos o próprio Deus conhecedor e criador de todas as coisas que quis fazer-se conhecer mediante sua Igreja.

"Os homens que realmente acreditam em si mesmos estão todos nos manicômios. Autoconfiança completa não é meramente um pecado; é uma fraqueza."[42]

Santo Tomás de Aquino, no Ofício do Sábio, diz que sábio é aquele que contempla a Verdade, de cuja contemplação ordenam-se todas as coisas, e automaticamente aponta o que está errado, julgando os princípios. Há uma verdade acima do que cada um sente de si ou de tal realidade, está além de nós, e todas as vezes que não sou fiel e ela eu rompo com a minha essência, caindo na desordem.

> Um homem deveria duvidar de si mesmo, e não da verdade; mas isso foi perfeitamente invertido. Nos dias de hoje, um homem afirma aquilo que não deveria ser afirmado – ele mesmo. Duvida do que não deveria ser duvidado – a Razão Divina.[43]

A experiência da verdade é a experiência de Deus, porque Ele é a própria verdade. Essa questão importa aspectos morais, porque todas as coisas foram criadas com uma finalidade, pois quem as criou as fez para exercerem uma função no mundo.

O filósofo Unamuno, um dos principais representantes espanhóis do existencialismo cristão, dizia que: "A verdade não é definida porque é o que define, a definição".[44]

Para entendermos a causa final, e como funciona esse mecanismo, podemos pensar num jogo de sinuca, em que as bolas são cegas e não têm uma causa final em si mesmas; precisam do jogador, que é a causa eficiente para fazê-las ir na direção certa. Ou seja, para ter causa final tem que ter uma causa eficiente. Podemos pensar de outra forma. O homem que constrói um celular (causa eficiente) cria aquele objeto para determinadas finalidades. Se eu uso o celular para escovar os dentes, estou distorcendo a sua utilidade e contrariando o seu criador, porque para isso existe a escova de dente. Em contrapartida, se penso no "objeto homem", quem o criou? Deus! Sendo assim, o Senhor criou o homem com uma ordem e para certas finalidades, à Sua imagem e semelhança. O homem traz em si a capacidade de ser bom, dada pelo seu Criador; quando seus atos não são bons, ele está desfigurando a sua finalidade.

O ser humano tem como causa final o Céu, Deus não quer nossa perdição, por isso é preciso perguntar ao Criador como chegar ao Céu. Tudo em nós tem uma finalidade. Eu tenho dois olhos para ver, mas se neles coloco droga, a finalidade que o Criador lhes deu será deturpada; se usá-los para ver imagens pornográficas, também cometerei uma infração contra a minha essência, que é ser imagem e semelhança de Deus. Essa orientação se dá no uso da razão, pois, como já tratamos, deve ordenar os sentidos. O homem, por exemplo, trabalha porque é chamado a, com as próprias mãos, somar na obra da criação mediante sua inteligência. A arte de trabalhar o dignifica e o arranca da ociosidade. São Bento dizia: "Ora et labora" [Orai e trabalhai]. Deus utiliza o ser humano para que nasçam novas formas: "A mecânica, como dizem, é a ciência que dirige a fabricação de todas as coisas".[45] Essa é a razão de o trabalho não poder ser vivido como meio de exploração e ganância, pois seria o excesso, e não podemos viver mergulhados na preguiça, que seria a falta. Assim, podemos meditar na finalidade de cada realidade que envolve a nossa existência e o que, de fato, está ordenado em nós.

Capítulo VII

DETERMINADA DETERMINAÇÃO

> Digo que importa muito ter uma grande e muito decidida determinação de não parar enquanto não alcançar a meta, surja o que surgir, aconteça o que acontecer, sofra-se o que sofrer, murmure quem murmurar, mesmo que não se tenham forças para prosseguir, mesmo que se morra no caminho ou não suporte os padecimentos que nele há, ainda que o mundo venha abaixo... Determinada determinação.[46]

Para entendermos melhor o que significa ter determinação, é preciso saber que não fomos constituídos para viver estacionados, porque fomos criados à imagem e semelhança de um Deus que é dinamismo e movimento de amor constante. Quando digo movimento não me refiro somente à ligação com o tempo cronológico, mas sobretudo com a realidade kairológica, pois Deus é o único Ser que habita no movimento, revelando-se a humanidade no tempo e no espaço e ao mesmo tempo habita no repouso eterno, acima do tempo e do espaço. O Mistério da Santíssima Trindade é um movimento de amor recíproco entre o Pai, o Filho e o Espírito Santo. Assim, compreendemos que existe em nosso ser a necessidade de estar em contínuo movimento, pois aquilo que está parado está morto. Um corpo, mesmo em estado vegetativo, interiormente está se movimentando: o coração continua batendo e o sangue corre pelas artérias. No entanto, o dia que esse corpo parar de se mover completamente é porque perdeu a vida, a alma. A palavra desanimado significa aquele que não tem alma, vida, *animus*.

Ninguém consegue segurar o vento que passa; o fogo é movimento e necessita do movimento do ar para existir. Assim é com o homem, quando se trata de vida espiritual: se ele não está em movimento, a consequência é a morte. Quantos estão sem ânimo em seus objetivos e projetos, já não lutam mais, entregam-se a qualquer vício e por isso procuram, em pecados e devassidões, satisfazer o que o corpo pede. São João da Cruz diz que quando um homem entra em estado de degradação, lançando-se em pecados, a tendência é afundar cada vez mais, porque essa atitude provoca insatisfação interior e conduz a outros pecados. O ser humano, então, se vê refém dos próprios erros, o que gera desânimo e perda da vontade de mudar.

Quantas vezes assumimos certos defeitos dizendo a nós mesmos que não conseguimos mudá-los? Baixamos as armas na luta porque não temos visto vitórias nas etapas, mas o ato de prosseguir está vinculado aos propósitos que temos e aos nossos interesses, pois quando há um encantamento a meta será alcançada, independentemente da dificuldade que ali se levantar. É mais fácil perseverar, quando mudamos a intenção, dando sentido a ela. Se eu digo que tenho de caminhar todos os dias porque preciso, certamente não vou conseguir manter a constância, pois há uma imposição de obrigatoriedade. Ao contrário, se mudo a minha intenção dizendo que vou caminhar porque isso me faz bem, me dá disposição, ressignifico meu ato.

> Santa Hildegarda de Bingen, Doutora da Igreja, abadessa beneditina do século XII, dizia que no começo do seguimento de Cristo tudo é muito custoso, pois exige de nós mudança de costumes antigos; se o coração deixa-se fascinar pelo Cristo, porém, o que antes era tido como honras se torna lixo. Nas palavras de São Paulo: "tudo isso, que para mim eram vantagens, considerei perda por Cristo" (Fl 3,7).

Quantas pessoas se encontram estacionadas em realidades passadas, porque não conseguiram superar a perda de alguém que amavam, por não se perdoarem e não conseguirem se reconciliar com aqueles que as feriram, porque tal trauma foi grande demais e gera paralisias no hoje que estão vivendo?! Há quem viva desanimado por causa de projetos frustrados, procurando no amanhã aquilo que só pode ser encontrado no hoje. A depressão tem aumentado porque o homem ainda não entendeu que o caminho é continuar tentando no agora. Como dizia Santa Teresinha: "Só tenho o hoje para amar".

Para eu perseverar, preciso acreditar. Ninguém se arrisca num projeto se antes não crê que ele pode dar certo. Você tem de acreditar hoje que a mudança é possível, que pode ser diferente, que dá para sair da situação que está tirando a sua paz, que há saída e motivos para continuar. Do contrário, as situações poderão fazê-lo sucumbir. Esse acreditar é muito mais que um simples mecanismo mental de pensar positivo. É confiar que Deus está cuidando de tudo e permanecer Nele, porque a fé é uma adesão aos planos do Senhor e me leva a esperar Naquele que está acima de tudo.

Um modo de prosseguir é relembrar a meta, aonde se quer chegar – atitude de trazer de novo à mente o objetivo para continuar, pois o caminho pode ser árido, mas a recompensa dá ânimo para seguir adiante. Se uma pessoa se propõe a fazer dieta, por diversas vezes pode cair no desânimo, tendo em vista que o processo é demorado e doloroso. Quando ela se imagina mais magra, com mais disposição e menos dores no corpo, a tendência é se erguer e prosseguir no seu objetivo. No entanto, se ela permite que a dificuldade seja maior que sua meta, em certo momento vai parar ao longo do caminho e sofrerá o fracasso por não ter conseguido.

Nosso Senhor caiu três vezes ao longo do Caminho do Calvário, mas se ergueu porque tinha uma meta: salvar a humanidade! Assim Ele comunica a ela que não fomos criados para o desânimo. Quais são suas metas?

Talvez você esteja respondendo para si mesmo agora que sua meta é terminar a faculdade, ter uma família, comprar um carro etc. Faz parte da vida ter inúmeras metas, mas a pergunta é: você pensa no Céu? Acaso não sabe que tudo nesta terra vai passar? Como dizia Santa Teresa: "Nada te perturbe, nada te espante. Tudo passa, só Deus não muda".[47]

Muitas vezes gastamos nossas energias por aquilo que é periférico e superficial. Quantos estão se consumindo por realidades que não satisfazem seu interior e se esquecem de buscar o que é fundamental, isto é, essencialmente vital.

A capacidade de perseverar, dada por Deus ao homem, origina-se em sua essência. Antes do ato de fazer, temos dentro de nós a capacidade de executar o que queremos. Por essa razão dizia Hugo de São Vítor: "Toda essência é naturalmente anterior a sua potência, ou seja, ao exercício de suas capacidades".[48]

Carol Dweck, psicóloga americana, professora da Universidade de Harvard, releva em seu livro *Mindset* o que ela aprendeu em vinte anos de pesquisa: o que você acredita sobre si mesmo é o que o faz ser o que é. Segundo a autora, as pessoas que mais tiveram resistência na vida não foram aquelas consideradas mais capacitadas na sua inteligência, mas as que não desistem de tentar outra vez, têm força de vontade e paixão pelo que fazem. Dweck cita vários artistas renomados que venceram suas incapacidades passando por dificuldades, mas com ânimo de prosseguir, escutando por diversas vezes que não iriam chegar a lugar algum. Foram ridicularizados, fracassaram, mas, pelo esforço e árduo trabalho, conseguiram alcançar seus objetivos. É necessário ter força de vontade, porque a potência do ser humano é desconhecida a si mesmo.[49]

Você já ouviu falar no processo da criação da lâmpada? Ela foi descoberta por um rapaz norte-americano chamado Thomas Edison, filho último de 7 irmãos, um jovem curioso que trabalhava como carpinteiro, vendedor, jornaleiro e telegrafista. Mesmo perdendo a audição, ele iniciou o seu processo de invenções. O processo de criar a lâmpada elétrica não foi fácil nem de um dia para o outro. Somente depois de mais de mil tentativas ele começou a ter êxitos. Thomas dizia que as tentativas não eram falhas, mas descobertas de fazer uma lâmpada de mil maneiras diferentes. Quem sabe aonde quer chegar faz dos seus erros alavancas para acertar melhor lá na frente, e não desculpas para a covardia.

Na vida espiritual, até de nossos pecados podemos tirar proveitos. O erro testifica que somos fracos e nos previne do ego e da soberba, e podem se transformar em virtudes se conscientemente assumidos e arrependidos. Durante as minhas pregações, sempre falo que as pessoas com o vício de viver em função da vida alheia podem ser grandes pesquisadoras da vida dos santos da Igreja. Os impulsos só precisam ser canalizados e orientados para o lugar certo. Comece a transformar seus erros em virtudes apenas os canalizando de maneira correta e jamais se esqueça de se abandonar à Misericórdia de Deus, que nunca lhe será negada.

Se cometemos algum erro, tendemos a procurar um meio de justificar-nos ou culparmos o outro, e isso é um grande caminho para a ruína. Imaginemos se

Thomas, todas as vezes que falhou, fosse usar justificativas para se autodesculpar... Ele não teria conseguido chegar aonde chegou. O crescimento sempre se dará no reconhecimento dos nossos fracassos na busca pelo acerto. Se estou assando um bolo e deixo a forma cair, será mais fácil culpar o forno, que está em local apertado, ou a forma, que está quente. A paz, porém, está em simplesmente assumir: "Eu errei". Não precisamos ter medo de morrer para nosso orgulho. Por essa razão, Santa Teresinha dizia que a fraqueza dela não a assustava, porque o Bom Deus era tentado a se inclinar a ela para levantá-la.[50] Prosseguir é crescer com os erros, porque a obra começada não tem o mesmo valor da obra terminada.

Uma vez perguntaram ao grande atleta Michael Jordan qual era o segredo de seu sucesso. Como resposta, ele disse que apenas conseguiu acertar mais porque foi o que mais arremessou bolas à rede, ou seja, aquele que tentou mais. Nunca deixe de insistir no que você acredita, pois a conquista pode estar na próxima tentativa. Não desista de recomeçar, e você só tem o hoje para fazer isso! As derrotas que Deus permite agora são para prepará-lo para a vitória amanhã.

Muitas vezes não planejamos e queremos que as resoluções caiam do Céu. Até mesmo na vida espiritual deve haver um planejamento, além de orientações de práticas que nos libertem de nossos ídolos. A Igreja oferece-nos muitos meios e exemplos para traçarmos nosso itinerário interior.

Sabia que Deus tem um plano para sua vida? Já pensou que Ele deseja lhe mostrar caminhos jamais sonhados e que pode surpreendê-lo todos os dias ? A serva de Deus, Me. Maria José de Jesus, afirmava nossa necessidade de ter uma *inquebrantável determinação.* Não permita que nada nem ninguém quebre seus propósitos, pois, como dizia Kierkegaard: "A certeza é impossível para quem está retornando, e é justamente uma fraude".[51]

Como Deus poderá escrever uma nova história na vida daqueles que querem permanecer de braços cruzados? Você é uma missão neste mundo, a qual se tornará uma realidade eficaz somente se estiver mergulhado nos mistérios do Pai.

"Falando agora dos que começam a ser servos do amor, que não me parece outra coisa além de nos determinarmos a seguir por este caminho ao que tanto nos amou."

(Santa Teresa - Determinada determinação V 11,1)

Perseverar é um dom. Peça a Deus todos os dias essa graça, pois sua força vem Dele. Sem Ele não é possível chegar a lugar algum. Quem faz a opção fundamental por Cristo se lança numa constante batalha e enfrenta muitos inimigos, que se levantam para fazê-lo desistir de seus propósitos. Mantenha a vida de oração, pois nela você encontrará Aquele que o faz seguir em frente. Não se pode voltar atrás.

O demônio se afastará depressa se o vir com grande determinação de não voltar às primeiras moradas, preferindo a isso perder a vida, o descanso e tudo o que ele lhe oferece. Que seja viril... determine-se com firmeza:

vai pelejar com todos os demônios e não melhores armas do que as da cruz.[52]

O abandono em Deus é o caminho seguro para a constância, e este se dá pela vida de oração. No caminho Deus foi santificando Moisés, Elias, os apóstolos e tantos outros santos. Não se esqueça disso: *no caminho*. É necessário caminhar, pois é preciso chegar lá. Temos de ser aquilo que devemos ser na Igreja. Siga em frente, pois como diz Santo Agostinho: "Nada estará perdido enquanto estivermos em busca". Avante! Há um longo trajeto a percorrer.

Capítulo VIII

SER PARA O OUTRO

A palavra pessoa (*persona*) está relacionada às Três Pessoas da Trindade. O ser humano é pessoa porque Deus é pessoa. Ele nos criou olhando para Si. Participamos de maneira analógica daquilo que o Cristo é, no qual encontramos a plenitude do que somos.

> Sendo Ele de condição divina, não se prevaleceu de sua igualdade com Deus, mas aniquilou-se a si mesmo, assumindo a condição de escravo e assemelhando-se aos homens. E, sendo exteriormente reconhecido como homem, humilhou-se ainda mais, tornando-se obediente até a morte, e morte de cruz (Fl 2,6-8).

Da mesma forma que Deus se entrega a nós mediante a Revelação, que tem sua plenitude em Jesus Cristo, identificamos que o ser humano encontra sua essência e o sentido de sua existência ao responder a vocação de também "ser para o outro". O Senhor se esvazia de sua condição divina, desce e se inclina a nós, e esta *kenosis* é a entrega até as últimas consequências, até a morte (e morte de Cruz). Ainda hoje, a cada momento, Ele está se entregando em cada Altar onde se celebra a Sagrada Eucaristia, porque o amor se doa. Assim, devemos desvencilhar-nos das amarras do egoísmo para encontrar o segredo de sermos imagem do amor. É preciso esvaziar nosso eu para ser para o outro, sem medo de descer até aqueles que clamam por ajuda. No entanto, não se pode entregar-se sem primeiro se possuir, por isso a importância do autoconhecimento e autodomínio; do contrário, as feridas ou a humanidade são entregues de forma inconsequente.

É interessante perceber que nosso rosto é uma parte do corpo que não conseguimos ver sem auxílio de um reflexo, porque ele foi feito para o outro. Fomos criados para o outro, e todas as vezes que nos fechamos em nós mesmos perdemos o equilíbrio, pois não correspondemos a esse princípio ontológico. O homem se realiza ao redescobrir o mistério de existir para o próximo. Somente quando as algemas do egocentrismo se quebram ele desfruta de plena alegria. "Sempre haverá maior alegria em dar do que receber." Lembro aqui também uma música antiga que diz: "Quem vive para si, empobrece o seu viver, quem doar a própria vida, vida nova há de colher".

Na introdução do livro *Deixe de ser bonzinho e seja verdadeiro,* de Thomas d'Ansembourg, há a seguinte citação de Antoine de Saint-Exupéry:

> Não tenho esperança de conseguir sair sozinho de minha solidão. A pedra não espera ser algo mais que pedra, mas, ao colaborar com seus semelhantes, agrupa-se e se torna Templo.

Mergulhe em seu interior e procure perceber as intenções de seus esforços. Talvez suas frustrações estejam em fechar-se em si mesmo. Quantos testemunhos já escutei de pessoas que não conseguiam superar certas provações até começarem a visitar doentes e se abrir à realidade da dor alheia, livrando-se, então, das angústias que viviam. Nenhum de nós é pobre o bastante a ponto de não ter o que dar ao outro; ninguém consegue mensurar o quanto vale um sorriso verdadeiro. Perceba que você não foi nem a metade do que Deus espera de você. Dê o seu melhor, não tenha medo de se doar. A verdadeira riqueza está muito além da matéria e a realização pessoal está em ser pessoa para a pessoa. Não se engane.

Abra-se às novidades que o amor reserva àqueles que o praticam. A caridade está acima da lei, porque a necessidade humana deve ser prioridade. Francisco pode nos explicar melhor sobre isso:

> Certa noite, quando todos descansavam, uma daquelas ovelhas começou a gritar: "Estou morrendo, irmãos, estou morrendo de fome!". O valoroso pastor levantou-se imediatamente a

> acudir sua ovelhinha doente com o devido remédio. Mandou preparar a mesa, embora cheia de pobres iguarias, onde havia água no lugar de vinho, como era frequente. Ele mesmo começou a comer e, por caridade, para que o frade não ficasse envergonhado, convidou também os outros irmãos. Depois de terem tomado o alimento no temor do Senhor, para que nada faltasse ao dever da caridade, contou--lhes o pai uma parábola sobre a virtude da discrição. Disse que o sacrifício oferecido a Deus deve ser sempre bem temperado e aconselhou carinhosamente cada um a levar em conta as próprias forças quando pensa em prestar obséquio a Deus. Afirmou que tanto era pecado deixar de dar o que era devido ao corpo quanto dar-lhe o supérfluo por gula. E acrescentou: "Deveis saber, caríssimos, que agora comi por cortesia, e não por gosto, porque assim mandava a caridade fraterna. Tomem como exemplo a caridade, e não o fato de comer, porque o comer serve à gula, e a caridade ao espírito" (2 Celano, n. 22).

Essa é a razão de São Paulo ter escrito na Carta aos Coríntios: "Ainda que eu entregue meu corpo às chamas, se não tiver amor não valerá de nada" (1Cor 13,3). A nossa caridade, portanto, só terá sentido se houver uma reta intenção ao fazê-la, pois pode-se perder os méritos se a intenção é baseada na busca de si mesmo. Ajudar o próximo somente para a exaltação de si e para a própria autorredenção não é evangélico, porque a caridade deve ser feita por amor àquele que precisa. Quantos encontraram a verdadeira alegria quando negaram seu comodismo em função do bem comum. Que sua vida possa gerar vida e o seu sorriso desperte sorrisos, assim sua entrega encontrará entrega. Como dizia São Bernardo: "A medida do amor é amar sem medida".

Se hoje é tão difícil darmos espaço aos que moram conosco, imagine fazer caridade a quem nem conhecemos. Até as pessoas que dizemos que amamos não recebem mais a nossa atenção porque não temos mais tempo para elas, tamanha é nossa cegueira. Estamos deixando de viver a vida e os dias passam apenas como mais uma obrigação a ser cumprida.

Pense agora em como é salutar ter alguém que o compreende, que está sempre perto mesmo distante, que sabe escutar o seu silêncio e dar sentido a ele, que o acolhe quando você está perdido, que não o olha pelo que você faz, mas pelo que você é, que o ajuda a acertar quando está errado, que não desiste do melhor que há em você, que é consolo nas suas agitações, que o ame... Caso não tenha uma pessoa assim do seu lado, a explicação pode ser uma só: talvez você tem estado ausente para aqueles que estão à sua volta. São João da Cruz dizia: "Onde não há amor, ponha amor e colherá amor".[53]

Plante amor ao seu redor e verá que até o coração mais duro, um dia, se dissolverá diante de um sorriso ou uma lágrima sincera. Ajudar alguém a ser melhor é ser instrumento de Deus na vida dessa pessoa. Stein afirmava que "podemos conduzir realmente os outros só naquilo que praticamos".[54] Às vezes as palavras não serão eficazes, pois a conduta as contrapõe. Santo Antônio de Pádua, portanto, dizia: "Evangelizai, evangelizai, evangelizai! E se for preciso, use as palavras. Que cessem as palavras e falem as obras".

O propósito de Santa Teresinha era ter Deus em primeiro lugar em sua vida, por isso entendeu que o irmão sempre vem em segundo e ela mesma, em terceiro. Além de compreender as consequências de amar a Jesus, ela descobriu que ninguém disputa o último lugar – e, não havendo disputa, a paz interior reina.

O caminho da humildade é sempre o mais seguro. Há aqueles que sentem a necessidade de pisar nos outros para satisfazerem suas ganâncias, mas, no fundo, estão pisando em si mesmos, pois essa atitude os faz viver conflitos interiores. São tomados pela falsa paz de uma consciência relaxada fundamentada em pontos de honra. Santa Teresa já nos advertia: "Deus nos livre de pessoas que, desejosas de servi-Lo, se lembrem da própria honra".[55] Para o cardeal Newman: "A consciência é a voz de Deus no coração do homem". Quando tentamos sufocá-la, maior é sua vibração em nosso interior.

Às vezes o mecanismo da escassez pode nos levar a valorizar as pessoas que conviveram conosco. Mas do que adianta, se já perdemos sua companhia? Valorize aqueles que estão ao seu lado hoje, não espere que partam sem que você perceba. Na verdade, todos os dias perdemos um pouco da vida dos que estão à nossa volta. Será que você não perdeu tempo demais? Quem mais sofre com as perdas são os que trazem remorsos de não terem sido melhores enquanto um ente querido estava vivo. Será que estamos percebendo a preciosidade da vida dos que Deus coloca ao nosso lado? Ou estamos fechados em nosso mundo, repleto de informações e obrigações, e não nos deixamos mais ser tocados pelo encontro?

Certa ocasião, os pais de uma adolescente a chamaram para o jantar, ao que ela negou, pois preferia ficar no quarto com seu celular, os pais tomaram o aparelho dela, dizendo que só o devolveriam após a filha se corrigir. Eles, então, sentaram-se à mesa para comer e a menina permaneceu no quarto, mas depois de certo tempo perceberam que algo estava errado e tornaram a chamar a garota. Foi então que descobriram que ela havia se jogado pela janela. Estamos vendo a triste realidade de um descontrole enorme de pessoas que não conseguem mais se relacionar, assunto que será mais bem abordado ao longo deste livro.

Encontrar pessoas disponíveis a servir o próximo não tem sido tarefa fácil. Há uma multidão diante de nós como ovelhas sem pastor, tristes e perdidas, e nada fazemos, pois estamos muito ocupados com a nossa vida, sufocados pela ganância. Quantos estão morrendo dentro de seus apartamentos porque não têm coragem de ir ao encontro do outro...

> Jesus percorria todas as cidades e aldeias. Ensinava nas sinagogas, pregando o Evangelho do Reino e curando todo mal e toda enfermidade. Vendo a multidão, ficou tomado de

> compaixão, porque estava enfraquecida e abatida como ovelhas sem pastor. Disse, então, aos seus discípulos: "A messe é grande, mas os operários são poucos" (Mt 9,35-37).

Somos chamados a cuidar dos nossos irmãos, participando do pastoreio de Cristo, o Bom Pastor. Se cuidamos somente dos nossos interesses, neles sucumbimos. O fato de irmos em Nome Dele devemos cuidar da maneira que Ele quer, e como Ele fez: com "compaixão". Para isso, é preciso primeiramente estarmos revestidos de Cristo para sermos reflexo de Sua compaixão. A palavra compaixão vem do latim *compatior*, que significa "sofrer com". É o ato de partilhar o sofrimento do outro, chegando a sentir dor profunda pela dor alheia e, assim, um forte desejo de ajudar. Jesus sabia que aquela multidão abatida não O iria seguir na hora da dor, mas mesmo assim os curava e cuidava deles por um amor oblativo.

> As alegrias e esperanças, as tristezas e as angústias dos homens de hoje, sobretudo dos pobres e de todos os que sofrem, são também as alegrias e esperanças, as tristezas e as angústias dos discípulos de Cristo. Não se encontra nada verdadeiramente humano que não lhes ressoe no coração.[56]

Antes de qualquer ato, devemos amar aqueles a quem nos dispomos a ajudar, mesmo que encontremos ingratidão. Ainda que as pessoas nos repudiem, sejamos embaixadores de Deus na vida delas.

Portanto, desempenhamos o encargo de embaixadores em nome de Cristo, e é Deus mesmo que exorta por nosso intermédio.

(1Cor 5,20)

Embaixador é um funcionário de mais alto nível, encarregado de chefiar a missão, representando e falando em nome não só do seu chefe, como também no do seu povo. Quando saímos ao encontro do outro, estamos indo em nome de Cristo e de Sua Igreja. Se eu cuido da ferida de uma pessoa, são Cristo e a Igreja cuidando daquela ferida; se eu enxugo uma lágrima, Jesus usa da minha mão para secá-la.

Santa Me. Teresa de Calcutá encontrou um homem, que já estava esperando a morte, apodrecendo no meio do lixo. E limpando aquelas feridas, que já cheiravam mal, ela escutou dele: "Eu não faria isto por dinheiro algum". Ela, então, olhou em seus olhos e respondeu: "Nem eu". Me. Teresa fazia aquilo porque sofria com Ele, e limpava aquelas chagas, pois sabia que ali estava o Cristo, que gritava no coração dela: "Tenho sede!" (Jo 19,28b). Por essa razão, uma das frases de que mais gosto dela é: "Amar é doar-se até doer!". Essa dor é também a dor do outro.

O processo de desinstalação de si é custoso. Não vai ser fácil deixar o comodismo para ir aos lugares que ninguém quer ir, para falar com aqueles que ninguém soube acolher, para amar quem não sabe o que é o amor. Mesmo que não vejamos os resultados e não tenhamos sinais positivos, restam-nos a entrega e a confiança de que Deus está à nossa frente, agindo por meio de Seus insuficientes servos. Não podemos desistir dos demais, pois o Pai não desiste de nós. Olhar o outro como filho do Senhor é entender o mistério de ser irmão e de sofrer junto com ele. A indiferença à dor alheia petrifica o nosso coração, que foi criado para amar. Sejamos esses faróis, e talvez você seja a única esperança para aquele irmão que não tem ninguém por ele. Não se trata de dar muletas, mas de ser a muleta, o apoio, o suporte, para que o outro possa caminhar. Vai doer, por isso, se não tivermos uma profunda comunhão com Aquele que nos envia, não chegaremos a lugar algum.

Quanto mais procurar os próprios interesses, mais longe estará de você mesmo.

Capítulo IX

DIÁLOGO, LUGAR DE ENCONTRO

Como todas as capacidades humanas citadas até aqui são originadas em Deus, também a possibilidade de o homem se comunicar é uma realidade inserida na natureza humana, pelo fato de ele ter sido criado à imagem e semelhança do seu Criador, pois o Pai vai ao encontro do outro e deixa-se encontrar por Ele. O Deus que, desde toda eternidade, é relação Trinitária cria o homem para participar do Seu Ser Divino, para relacionar-se com Ele, consigo mesmo, com seus semelhantes e com toda a criação. Se faltar comunicação em algum desses pontos, haverá certo desequilíbrio, pois os campos se interligam. Havendo ruptura em alguma dessas partes, identificaremos certas patologias, porque a solidão fere a essência humana. É preciso existir uma ordem em todo esse processo de se relacionar. É incoerente ver alguém que se relaciona muito bem com seu cachorro, que o leva para passear, fala com ele, ser incapaz de conversar com aqueles que moram dentro da própria casa. E, ao contrário, pode-se dizer que alguém que se relaciona bem consigo mesmo saberá encontrar em seu interior a presença de Deus, que cria o homem para relacionar-se com Ele.

I – Diálogo com Deus

> A razão mais sublime da dignidade humana consiste na sua vocação à comunhão com Deus. Desde o começo da sua existência, o homem é convidado a dialogar com Deus: pois se existe, é só porque, criado por Deus por amor, é por Ele, e por amor, constantemente conservado: nem pode viver plenamente segundo a verdade, se não reconhecer livremente esse amor e não se entregar ao seu Criador.[57]

Essa capacidade de se relacionar com o Criador se dá pelo princípio da liberdade inserida em nós, pois, mesmo tendo nos criado para Si, essa relação não é imposta por Ele. Podemos negá-lo. O Amor jamais obriga o outro a amar, senão não seria amor.

A palavra humana é capaz de falar algo sobre Deus, mesmo Ele indo além de qualquer pensamento ou linguagem, porém não é possível o conhecimento total de Dele. Santo Tomás de Aquino, pela Teologia da Negação, afirmava que se aproximava mais de Deus pelo que Ele não é, do que por aquilo que Ele é.

Por exemplo: quando afirmo que o Senhor é amor, minha inteligência não consegue chegar à total compreensão do que seria esse Deus Amor, mas se digo que Ele não é o ódio, posso afirmar com maior precisão o que Ele não é. Existe a possibilidade de chegar ao Altíssimo por uma via direta, positiva, como o fez Moisés, que viu Deus na sarça, ou Paulo, que O viu no caminho de Damasco. No entanto, muitos chegam a Ele pela via do que Deus não é. Santo Inácio de Loyola é um desses casos, pois chegou ao conhecimento de Deus pelo que Ele não é: O conheceu a partir da doença, porque era soldado e foi ferido no combate de Pamplona. Durante seu período de recuperação, mediante a dor e a meditação em livros cristãos, teve enfim o seu encontro com Deus.

O Senhor sempre será um mistério a ser descoberto, por isso quanto mais nos aproximamos Dele mais percebemos que nada sabemos sobre Ele. Santo Tomás de Aquino, com toda sua inteligência e sabedoria – a ponto de ditar 4 obras ao mesmo tempo –, fazia uma sequência, ditando um parágrafo para cada copista; quando chegava ao quarto copista, ele voltava ao primeiro sem perder o raciocínio. Em seu leito de morte, teve uma visão mística da presença de Deus, depois da qual chamou seu secretário, Reginaldo, a quem pediu que queimasse tudo que tinha escrito durante sua vida, pois nada se aproximava do que realmente é Deus. Ainda bem que Reginaldo não o obedeceu, senão teríamos perdido toda a riqueza da *Suma teológica*, da *Suma contra os gentios* e dos demais escritos deste grande doutor angélico – *Doctor Angelicus*, como era chamado.

Há um mistério na experiência de Deus que ultrapassa toda razão, pois está além dela. As palavras não conseguem expressar; apenas se vive. "Conhecimento místico ou criativo não é o que é chamado de conhecimento racional."[58]

No livro *Castelo interior*, Santa Teresa ensina que no interior do homem existem 7 moradas. Na última, que está no centro do Castelo, habita um Rei, ao qual se chega se houver determinação de se querer adentrar o próprio interior mediante a oração, pois ela é ponto inicial para o homem encontrar-se com Deus. Segundo a autora, a porta do Castelo é a *oração* e que "para haver oração, é necessária a reflexão".[59] A oração é também o fio condutor de toda a obra, não só como meio de encontro com o Sumo Bem, quanto como possibilidade de o homem desbravar-se numa profunda descoberta de si, conduzindo-o assim à profunda intimidade com Deus mediante a troca de amor.

"Para subir às moradas que desejamos, não está a coisa em pensar muito, mas em amar muito."[60]

Santa Teresa nos ensina que no começo dessa aventura espiritual a alma se depara com muitos bichos peçonhentos, os quais representam os pecados e a vida velha. Devemos combatê-los, deixando-os para trás, para seguir adiante. À medida que a alma avança nesse progresso espiritual, mais ela alcançará o domínio de suas paixões e más inclinações, até chegar a ser uma com o seu Senhor, à qual a autora denomina matrimônio espiritual. Ali há a plena realização interior. Teresa gostava de meditar muito sobre a humanidade de Cristo, pois assim ela compreendia a própria humanidade:

> Diz quão grande erro é não se exercitar, por espiritual que seja, em trazer presente a humanidade de nosso Senhor e Salvador Jesus Cristo, e sua sacratíssima paixão e vida, e a sua Gloriosa Mãe e os Santos, é de muito proveito.[61]

Na última morada, quando a alma já está totalmente mergulhada no amor Divino, a Santa Madre foca nos fundamentos da vida cristã, que é a configuração com Cristo e a caridade fraterna, sinais que evidenciam uma verdadeira vida de amizade com Deus.

São João Maria Vianney dizia que na oração acontece a união de nossa alma com Deus, como a fusão de duas ceras que se misturam, tornando-se uma só. São João da Cruz, por sua vez, fala dessa mesma realidade como divinização da alma, pois sendo mergulhada em Deus é Nele divinizada: "É indizível: tudo se diz em que a alma está feita de Deus por participação Dele e de Seus atributos".[62] É como a corrente de um rio, que, quando chega ao seu fim último (que é o mar), torna-se mar. Quando a alma corre em direção a Deus, ela é divinizada Nele. Esse mistério se dá pela busca sincera e constante do Pai. Para essa união acontecer é preciso que a alma esteja disposta, pois, segundo João da Cruz, assim como a madeira, devemos deixar o Fogo, que é o próprio Deus, nos tomar e nos consumir, transformando-nos nele. "O madeiro não pode, logo que se lhe aplica o fogo, ser transformado, até que esteja disposto".[63]

É importante evidenciar que muitas vezes buscamos nossos interesses e bem-estar, e não a Deus. O sinal disso é quando procuramos somente fazer a nossa vontade e não temos disposição interior de nada sofrer por amor a Ele. Quando uma alma encontra verdadeiramente ao Pai, ela não teme nada, por isso se lança na vontade Dele, abraçando os sofrimentos como graça, e não como maldição, porque entende que na Cruz a dor se torna Redenção.

O diálogo com Ele vai se tornando cada vez mais íntimo quando há a constância no encontro, por isso é tão importante não só termos horários para estar com Deus a sós, quanto trazê-Lo para nossa realidade de vida. A mesma Teresa, que entrava em êxtase quando recebia a Sagrada Comunhão, entrava em êxtase enquanto fritava bolinhos na cozinha para suas irmãs e, caridosamente, não deixava nenhum queimar. A vida interior transborda nas realidades cotidianas, não há separação.

Os antigos monges do deserto tinham um método de oração que se chamava Hesicasmo, por meio do qual repetiam durante todo dia o Santo Nome de Jesus. Também uniam invocações bíblicas, como "Senhor Jesus Cristo, Filho de Deus Vivo" (Mt 16,16; Fl 2,9-11), e a súplica do publicano e dos sofredores: "Meu Deus, tem piedade de mim, pecador!" (Lc 18,13.39; Mt 15,22). E, assim, constituíram uma jaculatória: *"Senhor Jesus Cristo, Filho de Deus Vivo, tem piedade de mim, pecador"*, oração que faziam constantemente a fim de permanecerem unidos a Deus, pois traziam incessante desejo de comunhão e intimidade com Ele no intuito de corresponder ao versículo bíblico: "Orai sem cessar" (1Ts 5,17).

Uma alma que não está mergulhada em Deus é estéril, mesmo se tem certos conhecimentos cognitivos sobre Ele. Quantos estudam sobre Deus, mas nunca fizeram a experiência de olhar nos Seus olhos e silenciosamente deixar-se amar por Ele. Lembro-me da história daquele velhinho que todos os dias passava horas, em silêncio, diante do Santíssimo. Quando alguém lhe perguntou o que ele falava com Deus, ele respondeu: "Não falo nada, apenas olho para Ele e Ele olha para mim". Não nos cansamos de olhar para quem amamos.

Um grande teólogo espanhol chamado Panikkar dizia:

> A Contemplação consiste acima de tudo em um olhar amoroso e mais ou menos direto à beleza, à perfeição e à verdade do Outro, o que leva a algum tipo de êxtase de amor. A contemplação é simplesmente a visão da realidade total, em que o ego não se encaixa mais (eu psicológico) como tal; é a experiência do Absoluto em sua simplicidade e sua complexidade, alegria perfeita alcançada no êxtase da união.[64]

O estudo teologal é muito salutar, mas cujo conhecimento será superficial se não houver envolvimento com o "Objeto" estudado, pois às vezes a linguagem que mais nos aproxima Dele é a do coração, e não somente a da razão. Santo Tomás dizia que a fé e a razão devem caminhar juntas, pois são as duas asas que nos levam para Deus; não podemos desconsiderar nenhuma delas, senão o pássaro não alça voo. É lamentável o fato de que, hoje, muitas universidades focam somente num ensino cognitivo de Deus e pouco se fala sobre a espiritualidade. Na Idade Antiga, o ensino tocava, sobretudo, na vivência da prática das virtudes, e o conhecimento cognitivo sobre Deus caminhava alinhado com a prática, não havia dissociação. Tanto que Santo Tomás de Aquino afirmava ser a humildade o primeiro degrau para a sabedoria, ideia que ele certamente aprendeu no *Opúsculo sobre o modo de aprender e de meditar*, de Hugo de São Vitor. Nessa obra, o autor registra que "a humildade é o princípio do aprendizado".[65] O saber estava vinculado à renúncia dos prazeres carnais. Aqueles que desejavam conhecer a Deus eram conduzidos a viver segundo a vontade Dele; havia disciplina, pois a meta era a santidade. Atualmente, estuda-se para exercer uma função, e poucos sentem o apelo da santidade que se cultiva na profunda experiência da Santíssima Trindade. Para João da Cruz: "A sabedoria entra pelo amor, silêncio e mortificação. Grande sabedoria é saber calar e não olhar ditos nem fatos nem vidas alheias".[66]

Mestre Eckhart, frade dominicano considerado um dos grandes símbolos do espírito intelectual da Idade Média, dizia que o homem percebe e recebe a Sabedoria quando é transformado no Cristo, que é a própria sabedoria:

> Entre os sete presentes, o dom da sabedoria é o mais nobre. Deus não dá nenhum desses dons sem primeiro dar a si mesmo e igualmente e de maneira de criação.[67]

A vida em Deus se dá pela ação do próprio Deus, por isso devemos clamar o auxílio do Espírito Santo para que nos conduza à profundidade espiritual. "O Espírito

Santo é o Mestre da Oração" (Compendio 146). Não confie em si próprio, pois é possível cair na ilusão de ter uma vida piedosa, enquanto se está vivendo somente na busca de si mesmo. "Quem permanecer em mim e eu nele, esse dá muito fruto; porque sem mim nada podeis fazer" (Jo, 15,5). Não abandone o caminho de oração por nada, porque quem o faz deixa todo bem, dizia Santa Teresa:

> Quem começar a ter oração não deve desanimar pensando que, por voltar a ser mau, seja pior continuar na oração. O mal seria deixar a oração e não se corrigir; mas quem não a deixa com certeza voltará à luz.[68]

Muitas são as tentações que podem se levantar para lhe roubar da presença de Deus. Pense em quais são os atrativos que têm causado a dispersão da sua alma: talvez o seu celular, a perda de tempo em redes sociais, uma vida agitada, marcada por um ativismo desenfreado, ou até mesmo uma tibieza que o faz ter mais desejos pelos bens passageiros deste mundo do que pela posse do Céu. E aqui é necessário pontuar que muitos confundem aridez espiritual com tibieza, porém elas são realidades totalmente diferentes. A aridez é benéfica, é quando a alma procura a Deus, e mesmo não O sentindo ela O deseja e sofre por seu escondimento. Posso sentir a ausência, mas isso não significa que a ausência é presente. Ele se esconde para que cresçamos na fé, pois não podemos basear a vida espiritual apenas nos deleites espirituais. Devemos estar enraizados no que de fato cremos, e não no que sentimos. Daí alcançamos a maturidade espiritual. Assim clamava São João da Cruz no início do Cântico Espiritual:

> Onde é que te escondeste,
> Amado, e me deixaste com gemido?
> Como cervo fugiste,
> Havendo-me ferido;
> Saí por Ti clamando, e eras já ido.[69]

Deus primeiro fere, cativando a alma. É natural, quando estamos começando a traçar o caminho espiritual, sentirmos deleites e consolo, mas à medida que a alma progride vem a aridez – sinal de fecundidade e de que a alma segue avançando no caminho espiritual. Já a tibieza é um distanciamento de Deus. A alma não sente saudades Dele e se compraz nas coisas deste mundo ou em si mesmo. É frieza e perda dos desejos dos bens eternos, por isso a alma fica perdida e em busca constante de novos prazeres que a satisfaçam.

Busquemos com afinco Aquele que habita o nosso interior, pois: "O Verbo de Deus está oculto no íntimo ser da alma".[70]

II – Diálogo consigo mesmo

Eis um grande desafio para o ser humano: conhecer-se. Há um grande caminho a ser descoberto e temos que ter a consciência de que maior é a área desconhecida, pois jamais nos conheceremos totalmente. Apenas o Criador sonda todas as áreas do nosso ser.

Stein dizia o seguinte:

> O homem é chamado a viver em seu íntimo, tomando nas mãos a direção de si mesmo, e, na medida do possível, agindo a partir daí. Somente partindo deste ponto é possível um exato confronto com o mundo: somente partindo daí o homem pode encontrar, no mundo, o lugar que lhe compete. Ele, porém, não pode jamais explorar totalmente seu íntimo. É um segredo de Deus que só Ele pode revelar quando e como quer. Este íntimo, no entanto, ter confiado ao homem. Ele pode decidir na mais perfeita liberdade e tem o dever de conservá-lo como um bem precioso que lhe foi confiado.[71]

Aquele que não sabe lidar consigo mesmo não consegue se relacionar bem com os demais. É de suma importância, portanto, termos consciência do que, de fato, somos e aonde queremos chegar. Dialogar consigo mesmo é olhar para o interior para perceber como estamos agindo. É uma busca por conhecer-se na intenção de se auto-organizar.

O livro *Cartas do diabo ao seu sobrinho* narra a história do diabo ensinando seu sobrinho a fazer o ser humano cair, pois ele conhece nossos pontos fracos. Você sabe quais são os seus pontos fracos? Como eles se acionam? Em quais momentos? Esses pontos fracos estão associados a problemas psicológicos, como traumas ou complexos de inferioridade, e são desenvolvidos quando pensamos como o mundo pensa e nos comparamos aos conceitos externos. Por exemplo: "Sou pior porque moro na periferia, ou por causa da cor da minha pele ou do meu cabelo. Sou inferior, pois tenho uma deformação no corpo, sou alta demais, meus pés são grandes, sou obesa, minha condição econômica é baixa, não tenho estudos"... Tudo isso é uma visão mundana e não está nos conceitos de Deus. É importante, então, se conhecer. O filho pródigo "*caiu em si*", por isso voltou: "Entrou então em si e refletiu" (Lc 15,17a). *Entrar em si é o primeiro passo para saber onde estamos e o que estamos fazendo com nossa vida e com as pessoas que nos cercam.*

> *A alma tem que chegar até ela mesma, no duplo sentido: chegar a conhecer-se como é e chegar a ser o que pode e deve ser. A liberdade entra em jogo nestas duas operações.*[72]

Segundo Santa Teresa, em seu livro *Castelo interior*, o conhecimento de si é tão importante que não deveria ser negligenciado e é impossível caminhar para Deus sem conhecer as potências da alma e suas deficiências – ignorâncias que fazem a alma se perder: "Terríveis são os ardis e manhas do demônio para que as almas não se conheçam a si mesmas nem entendam seus caminhos".[73]

Há em mim um mundo interior, que pode ser rico ou não. Quando vivo em comunhão comigo, o meu mundo interior é mais rico, por isso comunico riquezas aos demais. Se a subjetividade me domina, porém, ela ocupa o lugar da objetividade. Uma pessoa objetiva não permite que as realidades externas a moldem. Indivíduos subjetivos, por sua vez, fazem generalizações e deixam a tristeza e o remorso os dominarem. A humildade, contudo, é o antibiótico para dar fim a tudo isso, é a virtude que conduz à descoberta da vida interior. Trabalhe, então, aquilo que ainda o domina. Não há nada de errado, por exemplo, em ser tímido; incorreto é não superar a timidez e ir além. Acredite, você pode ser muito melhor do que já é hoje, basta ter a coragem de ser sincero consigo mesmo. Quantas vezes não percebemos como somos murmuradores? Se isso for para nós um vício, é sinal de que não sabemos partilhar o que vivemos, por achar que nossa visão sobre tal realidade é a verdade. Quando alguém corrigir algum defeito seu, escute em silêncio e pense a respeito. Considere, pois, que os que estão ao seu redor o veem de maneiras que você não consegue enxergar e reveja suas atitudes; assim, você sai da subjetividade e parte para a objetividade.

Há muitas metodologias científicas que têm o autoconhecimento como linha de pesquisa, e inúmeros livros de autoajuda visam conduzir o homem ao autodomínio. No entanto, é necessário que esse conhecimento de si conduza, sobretudo, ao conhecimento do Pai que habita o nosso interior. Se nos tornamos o nosso fim, sucumbimos, porque não subsistimos por nós mesmos. Quando um método, desenvolvido nesta temática, não tem como finalidade o encontro com Deus, não será satisfatoriamente válido, pois o Criador é quem de fato conhece a obra de Suas mãos e a fez para Ele. O Senhor é a sua plena realização. Assim, podemos considerar que Dele provém o conhecimento de quem é o homem.

> O desejo de Deus é um sentimento inscrito no coração do homem, porque o homem foi criado por Deus e para Deus. Deus não cessa de atrair o

> homem para Si e só em Deus é que o homem encontra a verdade e a felicidade que procura sem descanso.[74]

O fato de querermos ser felizes é porque habitávamos, desde toda eternidade, no seio da felicidade. Quando o homem procura a si mesmo e a sua realização interior, longe de Deus, ele se engana e se frustra.

Santo Agostinho dizia a seu filho Adeodato, no livro *De Magistro*, que existe um Mestre interior em cada um de nós e que Dele provém o conhecimento de todas as coisas. Não se pode, portanto, conhecer a si mesmo em profundidade sem encontrar-se com esse Mestre. O mesmo Santo Agostinho fala, no Livro III de *As confissões*: "Vós, porém, éreis mais íntimo que o meu próprio íntimo e mais sublime que o ápice do meu ser. [...] *Tu eras interior intimo meo e superior summo meo*". *1*

Quanto mais nos aproximamos de Deus, mais conhecemos a nós mesmos, e quanto mais nos conhecemos, mais perscrutamos o Ser Divino. São João da Cruz ensina que quando a alma se aproxima da Luz Divina, que é o próprio Deus, essa Luz brilha sobre a alma e consegue enxergar as sujeiras que estão dentro dela. Para entender melhor, imagine uma casa que ficou fechada por muito tempo e ali foi alojando muita sujeira e bichos. Ao abrir as portas e janelas, o seu interior é iluminado pela luz do sol; desse modo, nota-se facilmente onde estão as impurezas. Quanto mais luz, mais há clareza das áreas que precisam ser limpas. Assim é na vida espiritual: quanto mais nos aproximamos da Luz, mediante a vida de oração, mais vamos reconhecer o quanto somos pecadores, porque enxergamos melhor a nossa sujeira interior.

Você já deve ter escutado alguém dizer que não precisa se confessar, pois não tem pecado, ou então se esquiva dizendo que o sacerdote é mais pecador do que ele. Essa pessoa está totalmente cega e traz em seu interior muitos erros, mas, por não se aproximar da Luz, não vê defeitos em si mesma com clareza, preferindo julgar ao invés de trabalhar com afinco na própria conversão. É mais fácil condenar os erros alheios do que procurar emendar-se. Frederick W. Faber, no seu livro *Progresso na vida espiritual*, afirma o seguinte: "Atacar os erros dos outros é fazer a obra do diabo, a obra de Deus é atacar nossas más obras".[75]

O que nos impede de chegarmos a Deus somos nós mesmos, e às vezes não nos damos conta disso. É salutar, portanto, conhecermos nossas misérias e pedirmos a Ele que nos livre de nós, pois sempre devemos estar desconfiados de nós mesmos.

Qual a intenção de Jesus ao nos dizer no Evangelho: "Ouvi e compreendei. Não é aquilo que entra pela boca que mancha o homem, mas aquilo que sai dele. Eis o que mancha o homem" (Mt 15,11). Ele quer nos mostrar que o que está no coração do homem é o que o torna impuro e que as realidades externas são consequências de atitudes interiores. Na cultura hebraica e nas Sagradas Escrituras o coração é o centro do ser humano, o cerne de sua existência, porque é dentro do homem que reside o bem e a privação dele que é o mal, ali se origina as más inclinações. Quando alguém semeia em seu interior pensamentos e sentimentos maléficos, a tendência é que manifeste maldade em seus atos, por isso são tão importantes o conhecimento e o domínio de si mediante as práticas de mortificação e ascese.

Se o problema reside no interior, então é lá que nossos esforços devem ser concentrados, mas não é isso o que vemos. As pessoas estão cada vez mais comprometidas somente com o externo, por isso têm andado tão tristes, sem vida. Meu sincero desejo é que este simples livro seja um brado no coração de muitos que vivem divorciados de si para que reencontrem a sua beleza, que aprendam a rir das próprias misérias, por saberem que há um amor maior dentro de si, e que voltem à sua essência e percam o medo de se encarar e de aceitar o próprio ser. Pare de inventar desculpas esfarrapadas para justificar seu comodismo, não seja escravo de suas paixões desregradas e simplesmente viva...

A maçã é uma fruta que apodrece de dentro para fora, porque há um vazio próximo às suas sementes e esse vácuo é um ambiente perfeito para que fungos se aglomerem. Por mais que sua aparência esteja comestível, se a abrirmos veremos que está podre. Se não o fizéssemos, com o tempo os fungos iriam corroer as partes boas da fruta até chegarem à superfície, sendo notória sua inutilidade. Às vezes podemos gastar nossos esforços para manter máscaras, ao invés de procurarmos a solução, mas os fungos – pecados, vícios, complexos, revoltas e toda espécie de impurezas espirituais – vão continuar a consumir a alma e, em algum determinado momento, as máscaras vão se quebrar. Quando isso acontece, jogamos a vida no lixo, pois desistimos de lutar por nós mesmos. Talvez por isso os gregos definiam *pessoa* pelo nome *prósopa*, que significa máscaras.

Não somos o que dizem de nós; na maioria das vezes, somos muito piores, pois as pessoas só veem o que nós mostramos. O combate deve ser de dentro para fora. É preciso focar o que realmente está doente e averiguar as causas dos vazios interiores, pois ali é o lugar preferido dos fungos. Quando digo vazio falo do sentimento que o homem, que vive fora de si, tem, porque não existe realidade de vazio em si, ou o homem está cheio de Deus ou de outros ídolos. Santo Agostinho dizia que Deus quer nos encher de mel, mas se estamos cheios de vinagre esse mel não caberá em nós. É preciso, portanto, retirar o vinagre e deixar que o Senhor nos encha de mel.[76]

Quais atitudes lhe trazem sentimento de vazio? Aqueles que se lançam em relacionamentos sexuais ilícitos, depois de uma noite de prazer, certamente vão se deparar com o vazio e a tristeza. Quem faz o mal ao seu próximo sente profundo vazio interior, mesmo se foi beneficiado pelo ato cometido. Podemos considerar, então, que o vazio é consequência de nossos pecados, realidade em que o demônio mais ataca para nos fazer apodrecer. É urgente entrar em si mesmo para saber diagnosticar essas doenças, pois não é possível tratar algo sem antes descobrir e aceitar a enfermidade. Você conhece suas doenças espirituais? Sabe a causa delas? Tratamos as doenças do corpo, mas negligenciamos facilmente as que estão nos corroendo por dentro.

Os santos eram purificados mediante inúmeras enfermidades corporais e combates espirituais, e mesmo assim traziam em seu interior uma paz inquebrantável e uma alegria desconcertante, porque conheciam e trabalhavam seus limites, sabendo que a força de Deus estava com eles. Tinham impulsos desordenados e temperamentos como nós, mas, por se conhecerem bem, lutavam contra esses impulsos e deixavam-se ser controlados pelo Espírito Santo. São Francisco de Sales, chamado doutor da afabilidade por causa da mansidão que exalava dele, tinha um temperamento explosivo e rude. Depois de sua morte, descobriram que embaixo de sua mesa havia marcas dos seus dedos, porque muitas vezes ele precisou se segurar naquela mesa para não atacar os que despertavam fúria nele. Dentro de si havia um vulcão em erupção, mas seu semblante refletia brandura. Encontre sua mesa e seja para o outro o que gostaria que ele fosse para você. Ele se conhecia, por isso se esforçava e deixava-se moldar por Deus.

Conheço muitas pessoas que, pelo simples fato de não se conhecerem, vivem reféns de seus defeitos, tendem a se fazer de vítimas e agem agressivamente contra aqueles que estão à sua volta. Quantos vivem amargos e revoltados porque não querem mexer no que está errado em seu interior. Atacam porque estão sendo atacados pela falta de sentido, por viverem na superficialidade e frivolidades de suas paixões, por traumas e complexos, caindo no desânimo.

Quando Jesus pede para avançarmos para águas mais profundas, Ele se refere sobretudo às águas profundas do nosso ser, pois ali repousa a verdadeira paz e somente assim tudo que fizermos terá valor inestimável. Quando não podemos mudar uma realidade externa, mudar a si mesmos se torna o grande desafio. Muitas pessoas só vão começar a mudar depois que você mudar, então não espere pelo outro aquilo que precisa começar em você. Avante! Temos um longo caminho a percorrer!

III – Diálogo com as criaturas

Dialogar é dar espaço ao outro, expressando o que é necessário para si e escutar o que é necessário ao outro. É interessante nos perguntar: por que a tendência do homem de hoje é fechar-se nas próprias necessidades, mesmo vivendo num século com tantos mecanismos de comunicação? Percebemos que o problema está tanto no isolamento como na forma de comunicação do homem. Nossas relações conflituosas são frutos de comunicações erradas. Quantas vezes não medimos as palavras e, sem perceber, despertamos atitudes indesejadas em nosso interlocutor por causa de nossas palavras agressivas. Vou contar uma história para exemplificar o que acabo de dizer. Uma mãe amorosamente prepara um jantar maravilhoso para a filha, que está para voltar da faculdade. Assim que a garota chega em casa, nota que a mãe, por descuido, ocupou sua vaga na garagem, e já entra em casa impaciente e falando alto, reclamando. A mãe, desapontada, acaba discutindo e o jantar, que era para ser um momento de manifestação de amor mútuo, torna-se um peso e um desapontamento por causa de reações e palavras descontroladas. Será que isso não lhe aconteceu algumas vezes? Nós nos alteramos sem necessidade e raramente reconhecemos que precisamos trabalhar isso em nós. Inúmeras vezes neutralizamos o outro porque não sabemos lidar com nossas emoções.

Quando tratamos de relacionamentos humanos, é importante considerar que existe um vasto campo a ser desbravado, mas pretendo aqui me basear somente em alguns.

Não é bom que o homem esteja só.

(Gn 2,18a)

Deus deu ao homem companhia por tê-lo capacitado para se relacionar, pois um ser que se origina no amor foi criado para amar; todas as vezes que se rejeita esse princípio fundamental se nega sua essência e age-se como um animal. O amor está fundamentado na razão, por isso os animais não têm a capacidade de amar. Seus relacionamentos são baseados em interesses. O ser humano tem a capacidade de praticar amor oblativo e gratuito, que não espera nada em troca e se doa pelo ser amado até as últimas consequências. É o que chamamos de *Amor Ágape*, ou, em hebraico, de *Hesed*. É o amor gratuito que uma mãe sente pelo filho, por exemplo, mesmo ele sendo ingrato, indiferente ou ruim para ela. Podemos citar também aquela esposa cujo marido está em estado vegetativo, consequência de um acidente, e que cuida amorosamente dele até o fim. Uma outra forma de amor é a reciprocidade, entrega que exige outra entrega, como o amor entre um homem e uma mulher. A este chamamos *Amor Eros,* o amor que quer ser amado. Por fim, há o *Amor Philia*, o fraterno, que um irmão sente pelo outro, e que também vemos nas relações de amizade. O Papa Bento XVI, em sua Encíclica *Deus é Amor*, diz que Deus possui plenamente os três tipos de amor: Ele se doa pelo ser amado até a morte, e morte de Cruz (*Ágape*), e deseja ser retribuído, pois quer ser amado pelo homem (*Eros*), que foi criado para ser seu amigo (*Philia*).

É natural do ser humano sentir simpatia por uns e antipatia por outros, pois nossas personalidades são distintas. É muito cômodo quando lidamos apenas com aqueles que nos querem bem, com quem temos fácil convívio, porque as pessoas pelas quais temos empatia geralmente não nos levam a confrontar nossos defeitos, perto das quais nos sentimos perfeitos, pois suas palavras são sempre de apoio e elogio, aumentando nosso ego. Esses relacionamentos, no entanto, podem nos cegar se não soubermos orientá-los. Aqueles que nos incomodam, por sua vez, seja pelo jeito de ser ou por atitudes feitas contra nós, fazem-nos confrontar aquilo que não está certo em nós. Geralmente, detestamos e repudiamos no outro as realidades não superadas em nosso interior. É importante pararmos para analisar como têm sido nossos relacionamentos: eles nos edificam ou estão nos tornando seres acomodados em nossos erros?

> Chocas com o caráter deste ou daquele... Tem de ser assim necessariamente; não és moeda de ouro que a todos agrade. Além disso, sem esses choques que se produzem ao lidar com o próximo, como havias de perder as pontas, as arestas e saliências – imperfeições, defeitos – do teu temperamento, para adquirires a forma cinzelada, polida e energicamente suave da caridade, da perfeição? Se o teu caráter e o caráter

> dos que convivem contigo fossem adocicados e moles como gelatina, não te santificarias.[77]

João era o discípulo mais amado por Jesus, talvez porque era o que mais O conhecia, tanto que é representado pela águia, aquele que via além, que enxergava detalhes que ninguém percebia no Mestre. Até o Evangelho dele é diferenciado do dos demais evangelistas, contendo vários conceitos teológicos não mencionados nos outros textos. Ele, por exemplo, inclui a descrição de Jesus como a Palavra Eterna (ou *Logos*): "No princípio era o Verbo, e o Verbo estava junto de Deus e o Verbo era Deus" (Jo 1,1). Também a ideia do Paráclito, ou Espírito Santo, agindo como um "Consolador", e outras várias citações. João foi aquele que viu seu Senhor ser preso, flagelado, torturado e morto, pois permaneceu com Ele até o fim, posto que O amava com todas as suas forças. Era o discípulo mais amado por ter sido o que mais demonstrou amor. Ser amigo é ir até o fim com o outro e ampará-lo quando ele não conseguir seguir adiante.

> Um amigo fiel é uma poderosa proteção: quem o achou, descobriu um tesouro. Nada é comparável a um amigo fiel, o ouro e a prata não merecem ser postos em paralelo com a sinceridade de sua fé. Um amigo fiel é um remédio de vida e imortalidade; quem teme o Senhor, achará esse amigo. Quem teme o Senhor terá também uma excelente amizade, pois seu amigo lhe será semelhante (Ecl 6,14-17).

Amigos são aquelas pessoas que nossa razão e nosso coração escolhem, por isso é importante sabermos o que é uma verdadeira amizade. Para tratar desse tema, trago aqui a figura de um exímio monge francês cisterciense chamado Aelredo da Rievaulx, grande nome da espiritualidade da amizade mística. O eixo principal da sua espiritualidade é o tema da amizade, portanto era chamado Doutor do Amor Espiritual. Ele ensina que a amizade é uma virtude cristã, uma forma de caridade por meio da qual se participa da vida intratrinitária. Deus é amigo e quem vive a amizade habita Nele. Para esse monge, uma pessoa sem amizade é um animal, uma besta, ou seja, não tem capacidade de ser humano.

Se alguém disser: 'Amo a Deus', mas odeia seu irmão, é mentiroso. Porque aquele que não ama seu irmão, a quem vê, é incapaz de amar a Deus, a quem não vê.

(1Jo 4,20)

Segundo esse monge, o amor é puro quando é direto ao outro, e não a Deus, porque o amor a Deus não pode estar em conflito ao amor com o irmão. Santa Teresa dizia às suas filhas: "Todas se hão de amar, todas hão de ser amigas".[78] A amizade produz e é produzida pelo amor, contudo ela só é possível entre pessoas retas; não é melosa, mas está ligada à moral, pois se não há retidão ela se torna carnal e interesseira, o que podemos chamar de relacionamento de interesse, apego ou pseudoamizade. "Nada que não tenha sido adoçado pelo dulcíssimo Nome de Jesus, nada que não tenha sido salgado pela Bíblia me interessa."[79]

Alguns confundem amizade com codependência afetiva. A diferença entre ambas é que na amizade existe liberdade interior, pois o amor sempre liberta; quando há codependência afetiva, como o nome já diz, um se torna dependente do outro, e isso gera a escravidão, porque a pessoa se torna refém dos seus afetos desordenados, o que podemos chamar de apego. O problema aqui é a ausência de amor verdadeiro, pois o que ocorre é uma busca de si mesmo. São amizades falsas, é um egoísmo maquiado; a presença do outro tem como finalidade apenas a satisfação de si próprio. Essa é a razão de São João da Cruz dizer que o ser humano não pode estar preso às criaturas como se fosse seu fim último. Tudo deve nos levar a Deus. "O apego à criatura a iguala à criatura."[80]

Examine sua consciência. Como têm sido suas amizades e seus relacionamentos? O verdadeiro diálogo confronta, pois deve estar embasado na verdade, e não em interesses particulares no intuito de obtenção de vantagens subjetivas. Requer-se, portanto, transparência consigo e com os demais, para que nasçam as verdadeiras amizades e os relacionamentos sadios. Tudo que é fundamentado na mentira não prevalece, por isso a Igreja considera nulo um matrimônio estabelecido na enganação. Existem aqueles que chamam de amigos os que os acompanham em festas, quando tudo vai bem, mas deparam-se com a solidão no momento em que se veem necessitados, pois não cultivaram uma amizade verdadeira.

> Eu aconselharia aos que têm oração que, especialmente no princípio, procurem ter

> amizades e relações com pessoas que se ocupem da mesma coisa. Isso é importantíssimo, pois, além da ajuda mútua nas orações, muito há a lucrar aí![81]

Saiba escolher bem suas companhias. Pesquisas mostram que, automaticamente, nossos costumes e atos se assemelham aos daqueles que estão muito próximos a nós. Muitos casais, por exemplo, percebem mudar seus hábitos porque são influenciados pelo gosto do seu cônjuge. Santo Agostinho dizia: "Diga-me com quem tu andas e eu te direi quem tu és". Não despreze ninguém, acolha a todos com afabilidade, mas saiba construir verdadeiras amizades com aqueles que são capazes de nos edificar. São Francisco de Sales nos ensinar melhor sobre isso:

> Ó Filoteia, ama a todos os homens com um grande amor de caridade cristã, mas não traves amizade se não com aquelas pessoas cujo convívio se pode ser proveitoso; e quanto mais perfeitas forem essas relações, tanto mais perfeita será a tua amizade. Se a relação é de ciências, será honesta e louvável; o será muito mais ainda se a relação for de virtudes morais, como prudência, justiça e fortaleza. Mas, se for a religião, a devoção, o amor de Deus e o desejo da perfeição, o objeto da comunicação mútua e doce entre ti e as pessoas que amas, ah!, então tua amizade é preciosíssima. É excelente porque vem de Deus; excelente porque Deus é o laço que a une;

> excelente, enfim, porque durará eternamente em Deus. Ah!, Quanto é bom amar já na terra o que se amará no céu, e aprender a amar aqui essas coisas como as amaremos eternamente na vida futura.[82]

Adolphe Tanquerey, grande teólogo francês do século XIV, dizia que a amizade pode ser de caráter natural, que implica somente a questão da honestidade de um para com o outro; outras podem ser de caráter sobrenatural, visando à busca de Deus como cerne do relacionamento; e há ainda a possibilidade de uma mistura das duas realidades:

> Dessa maneira, a amizade sobrenatural, longe de ser apaixonada, absorvente e exclusiva, como a amizade sensível, distingue-se pela tranquilidade, moderação. É um afeto tranquilo, moderado, precisamente porque está fundamentado no amor de Deus e compartilha dessa virtude. Pela mesma razão é um afeto constante, que cresce continuamente, ao contrário do amor apaixonado, que tende a enfraquecer. É também acompanhado de moderação, pois, em vez de andar à procura de familiaridades e carícias, como a amizade sentimental, está cheio de respeito e reserva, pois busca somente o bem espiritual. Essa reserva, porém, não atrapalha a confiança, porque há mútua estima e porque um vê no outro o reflexo das perfeições divinas.[83]

Quando há a mistura do natural e do sobrenatural, queremos o bem espiritual do amigo, mas deixamos entrar outros desejos que fogem da espiritualidade; depois, passamos a sofrer sua ausência por querer estar próximo a ele, o que vai desencadear uma amizade meramente carnal. Explico com as palavras de São Francisco de Sales para compreendermos melhor:

> Começa-se por um amor virtuoso; mas, se não se tomarem precauções prudentes, o amor frívolo vai se misturando, e depois vem o amor sensual, e por fim o amor carnal. Sim, mesmo no amor espiritual não se está livre de perigo, se não se sabe premunir-se de desconfiança e vigilância, conquanto o engano aqui não seja tão fácil, porque a inocência perfeita do coração descobre imediatamente tudo o que se pode ajuntar aí de impuro, assim como as manchas aparecem mais sobre o branco. Eis a razão por que, quando o demônio quer corromper um amor todo espiritual, o faz com mais astúcia, tentando ver se pode sugerir primeiro algumas disposições menos favoráveis à pureza.[84]

A verdadeira amizade contribui para a santificação. São Gregório e São Basílio, dois grandes bispos e doutores da Igreja, eram grandes amigos. Eles tinham consciência de que um teria que ser para o outro modelo de santidade, pois olhavam para a mesma direção: Jesus Cristo! É interessante ver que a Igreja celebra a festa desses dois grandes santos no mesmo dia, em 2 de janeiro, apesar de a data de morte de cada um ser diferente.

Dentre tantos escritos espirituais deles, a Igreja escolhe para leitura do Ofício na Liturgia das Horas um texto de São Gregório sobre a amizade de ambos, considerando que a verdadeira amizade deve conduzir a Deus.

> Parecia que tínhamos uma só alma em dois corpos. E embora não se deva dar crédito àqueles que dizem que tudo se encontra em todas as coisas, ao nosso caso podia se afirmar que, de fato, cada um se encontrava no outro e com o outro.
>
> A única tarefa e objetivo de ambos era alcançar a virtude e viver para as esperanças futuras, de tal forma que, mesmo antes de partirmos desta vida, tivéssemos emigrado dela. Nesta perspectiva, organizamos toda a nossa vida e maneira de agir. Deixamo-nos conduzir pelos mandamentos divinos, estimulando-nos mutuamente à prática da virtude. E, se não parecer presunção minha dizê-lo, éramos um para o outro regra e o modelo para discernir o certo e o errado.
>
> Assim como cada pessoa tem um sobrenome recebido de seus pais ou adquirido de si próprio, isto é, por causa da atividade ou orientação de sua vida, para nós a maior atividade e o maior nome era sermos realmente cristãos e, como tais, reconhecidos.[85]

IV – Diálogo com a criação

> Deus os abençoou: "Frutificai – disse ele – e multiplicai-vos, enchei a terra e submetei-a.

> Dominai sobre os peixes do mar, sobre as aves do céu e sobre todos os animais que se arrastam sobre a terra". Deus disse: "Eis que eu vos dou toda a erva que dá semente sobre a terra, e todas as árvores frutíferas que contêm em si mesmas a sua semente, para que vos sirvam de alimento. E a todos os animais da terra, a todas as aves do céu, a tudo o que se arrasta sobre a terra, e em que haja sopro de vida, eu dou toda a erva verde por alimento". E assim se fez (Gn 1,28-30).

Deus criou todas as coisas e deu para o homem cuidar. Somos frutos do que colhemos na criação, é de lá que extraímos o nosso sustento. A criação é o que nos mantém fisicamente vivos, pois traz elementos vitais para nossa sobrevivência. Dependemos do ar para respirar, do calor do sol para manter nosso corpo aquecido, da água para saciar nossa sede e da terra e seus frutos, os quais nos alimentam. Quando não sabemos valorizar e nos relacionar bem com a criação, matamos a nós mesmos e aos demais, pois estamos todos na mesma casa. *Hoje o homem colhe muitos frutos de desastres naturais provocados por ele mesmo, e culpa a Deus por isso.*

Se destruirmos a criação, a criação nos destruirá.
(Papa Francisco – Cidade do Vaticano,
21 de maio de 2014[86])

Não costumamos ver ninguém quebrando a própria casa, a não ser que seja para construir outra melhor, no entanto, quando tratamos de nossa casa natural, que é a criação, vemos a absurda ignorância humana que desmata, queima, polui. A ganância e o egoísmo de alguns que usam da natureza para seu enriquecimento, explorando-a num consumismo acelerado, gera transtornos até mesmo às futuras gerações. Somos os únicos seres que destroem a própria casa, nem os animais irracionais comentem tamanha atrocidade. "Deus contemplou toda a Sua obra, e viu que tudo era muito bom" (Gn 1,31)... até o homem pôr a mão e começar a destruir o que Dele recebera.

> O Senhor Deus tomou o homem e o colocou no jardim do Éden, para cultivar o solo e o guardar.
>
> (Gn 2,15)

Não estamos correspondendo ao pedido do Criador de guardar o lugar que Ele nos deu. Coloquemo-nos por um instante no lugar de Deus. Qual seria sua reação se você tivesse construído uma belíssima casa com as próprias mãos para dar de presente a alguém que ama muito, mas essa pessoa quebrasse as paredes, os móveis e ornamentos que você, com grande estima, preparou? Você mesmo fez essa casa, decorando-a com todos os detalhes que há nela, em perfeita ordem. Estaria feliz em não receber ao menos um muito obrigado? Pois é assim que agimos com nosso Criador. Além de não O agradecermos pelo ar que respiramos e por tantos outros favores que Ele nos concede, destruímos o que, amorosamente, o Pai criou para nós.

Há certos desequilíbrios quanto ao relacionamento com as criaturas. Algumas pessoas estão tão apegadas ao seu animal de estimação que se ele morrer, elas falecem também. Digo isso porque, certa vez, estava viajando e em uma parada que fiz para almoçar chegou até mim uma senhora que, chorando muito, pedia-me oração, pois tinha perdido uma pessoa recentemente, assassinada por dois homens que haviam entrado em sua casa. Eu então, solidariamente, pensando que se tratava de uma filha dela, falei-lhe palavras de consolo. Quando perguntei o nome da pessoa para rezar pela alma dela, a mulher me disse que era sua gatinha de estimação; desconsolada, descrevia como era seu relacionamento com ela. Percebi que aquela senhora vivia numa grande solidão, que a levou a se apoiar em um ser irracional. É tão visível a forma como o ser humano tem tratado animais tal qual seus semelhantes, que o comércio de pet shops está crescendo cada dia mais, nos quais vemos de tudo, desde tratamento para alergias e diversos outros fatores físicos até terapia contra estresse. Penso que isso está fora de controle. Vemos um cachorro sendo levado num carrinho de bebê, enquanto milhares de crianças morrem de fome por não terem quem cuide delas. Não desconsidero que devemos cuidar dos animais, mas deve haver um equilíbrio. O comércio, às vezes, se aproveita das fragilidades humanas para implantar suas raízes enganadoras visando somente ao lucro.

O Papa Francisco escreveu uma Encíclica chamada *Laudato Si'* [Louvado seja], que fala sobre o cuidado que devemos ter com tudo o que nos rodeia, pois nada foi criado por acaso. Ele cita São Francisco de Assis, que tratava não só o seu próximo com estima e atenção, mas também chamava os elementos da natureza de irmãos, estabelecendo com eles uma relação de sadia convivência.

Conta-se que certa vez havia um lobo muito feroz amedrontando os habitantes de um pequeno vilarejo. Francisco, sabendo do acontecido, foi ao encontro desse lobo e pediu a ele que não voltasse mais ali. O animal, além de não o atacar, o obedeceu.

Francisco encontrava na natureza motivos de louvor a Deus, e era grato pelas delicadezas que Ele o concedeu na beleza que contemplava. Quantos chegam ao Pai quando contemplam a beleza de uma flor. Os homens que têm essa sensibilidade de ver o Senhor na criação sabem cuidar dela. Deus não é a criação, mas ela O reflete e transmite algo sobre Ele, assim como toda obra de arte traz em si os traços do seu autor. Observe a harmonia que há nas cores e nos modos como a natureza se relaciona. Penso que a cor preferida do Criador deve ser azul e é provável que tenha gastado bastante tinta para colorir o céu e o mar. Deixemo-nos encantar pelos timbres diferentes dos cantos dos pássaros e pelo som das ondas do mar. Saibamos conviver com a natureza preservando-a e admirando todas as suas dádivas.

Desde a criação do mundo, as perfeições invisíveis de Deus, o Seu sempiterno poder e divindade, se tornam visíveis à inteligência, por Suas obras; de modo que não se podem escusar.

(Rm 1,20)

Capítulo X

MÃE DE TODOS OS HOMENS

Quando a Santíssima Virgem diz o Seu Fiat "*fiat mihi secundum verbum tuum*" ["Faça-se em mim segundo a Tua palavra" (Lc 1,38)], naquele exato momento assume não somente a Maternidade Divina, mas, mediante o mistério da Encarnação, também se torna mãe de todos os homens, pois estamos inseridos em Cristo, como membros do Seu corpo místico e, regenerados por ele, gozamos da maternidade de Sua Santíssima Mãe. No Calvário, quando Jesus se entrega pela humanidade no alto da Cruz, confirma essa filiação dizendo a Maria: "'Mulher, eis aí teu filho'. Depois disse ao discípulo: 'Eis aí tua mãe'. E dessa hora em diante o discípulo a recebeu como sua mãe" (Jo, 19,26-27).

Da mesma forma que nenhum filho pode escolher ter mãe ou não, porque nascer não é uma opção, mas um ato involuntário e ontológico, também não temos essa possibilidade de escolha, em caráter espiritual, de sermos filhos de Maria ou não. Somos filhos Dela porque assim foi da vontade de Deus. Maria não é mãe na linhagem natural, pois não nos gerou fisicamente, mas Sua maternidade é espiritual. Independentemente de aderir a essa filiação ou não, o ser humano é filho da Santíssima Virgem. Santo Efrém a chamava de "Mãe da Vida e da Salvação, a Mãe dos viventes e de todos os homens".[87]

Garrigou-Lagrange, um dos maiores teólogos do século XX, e que lecionou para Karol Wojtyla, nosso saudoso Papa São João Paulo II, dizia que Maria é mãe de todos, mas não é do mesmo modo para todos, pois há uma distinção, admitida sobre Cristo, entre os membros do seu Corpo místico:

> Com relação aos infiéis, ela é sua Mãe, enquanto está destinada a gerá-los para a vida da graça, e enquanto eles obtêm graças atuais que os dispõe à fé e à justificação. Com relação aos fiéis que estão em estado de pecado mortal, ela é sua mãe enquanto vela efetivamente sobre eles, obtendo-lhes as graças necessárias para fazer atos de fé, de esperança e para disporem à conversão; com relação àqueles que morreram na impenitência final, ela não é mais sua Mãe, mas ela foi. Com relação aos justos, ela é perfeitamente sua mãe porquanto eles receberam, por sua cooperação voluntária e muito meritória, a graça santificante e a caridade; com uma terna solicitude, ela

> vela sobre eles para que permaneçam no estado de graça e cresçam na caridade. Enfim, ela é por excelência Mãe dos bem-aventurados que não podem mais perder a vida da graça.[88]

É interessante notar que todos aqueles que estão inseridos no Corpo Místico de Cristo gozam dessa graça, independentemente da condição espiritual em que se encontram, pois somente quem já está condenado no inferno (em hebreu, *sheol*; em grego; *ades*; em latim, *infernus*) não é mais filho da Santíssima Virgem Maria, mesmo tendo sido antes de ir para lá. O inferno é a privação eterna da visão de Deus e de todos os bens que Dele se originam, caracterizando um estado de autoexclusão. O ser humano se autocondena negando os bens divinos e pela falta de arrependimento dos seus pecados.

Enquanto Eva é instrumento gerador de morte, por causa do seu orgulho e desobediência, Maria, a nova Eva, a mais autêntica filha de Abraão, por sua humildade e obediência, gera a Vida para a humanidade. Este ensinamento é dado pelos Padres da Igreja, dentre eles São João Crisóstomo, quando diz que Deus, para vencer o demônio, utiliza das mesmas armas que ele usou para gerar a morte:

> A virgem, o lenho e a morte foram os sinais de nossa derrota. A virgem era Eva, pois ainda não conhecera o homem; o lenho era a árvore; a morte, o castigo de Adão. E eis que de novo a virgem, o lenho e a morte, que foram sinais da

> nossa derrota, se tornaram sinais de nossa vitória. Com efeito, em vez de Eva está Maria; em vez da árvore da ciência do bem e do mal, o lenho da Cruz; em vez da morte de Adão, a morte de Cristo. Vês como o demônio foi vencido pelos mesmos meios com que vencera?[89]

Essa é a razão de o demônio não suportar nem mesmo escutar o Santo Nome de Maria, por isso incute em boa parte da humanidade o desprezo a Ela. Podemos até mesmo nos questionar por que alguns a desconsideram, sendo que o próprio Deus a respeita delicadamente ao enviar um anjo para saudá-La, chamando-a de "Ave, cheia de graça" (Lc, 1,28), e atentamente espera de Seus lábios uma resposta. Como entender tanta ignorância humana se o próprio Filho de Deus ama Sua mãe, sendo-lhe obediente, submisso, educado e alimentado por ela? Seria disparate pensar na negação Àquela que o próprio Espírito Santo fecundou, encontrando Nela alegria, Seu predileto Templo. Como podemos dizer que aquela que deu a carne ao Verbo de Deus é uma mulher qualquer?

Tanquerey dizia que, "ao venerar Maria apenas nos associamos às Três divinas Pessoas, estimando o que elas estimam".[90] A única elevada como filha de Deus Pai e, ao mesmo tempo, Mãe de Deus filho e Esposa do Espírito Santo é digna de toda a nossa veneração e amor.

Santo Afonso Maria de Ligório dizia que, de todos os títulos que a Igreja reconhece de Nossa Senhora, o que Ela mais gosta é de ser chamada de *Mãe*. [91] Acredito que seja pelo fato de que a mãe é, normalmente, o ser mais próximo do filho, é o título que mais a aproxima dos homens, é o que permite que o ser humano compreenda que ele tem um colo materno, alguém para educá-lo, orientá-lo, formá-lo, consolá-lo, cuidar de seu coração elevando-o a Deus. Sabe que é Rainha do Céu e da Terra, porque assim Deus a elevou, é chamada corredentora, porque participa de modo direto na obra da salvação acolhendo em seu ventre o Redentor do mundo. Aquela a quem os anjos obedecem e que humilha o inferno por sua humildade é nossa Mãe, é grande e imerecida graça.

Encanto-me em contemplar a humanidade e simplicidade da Santíssima Virgem, que na vida oculta dos trabalhos humildes e domésticos, entre alegrias e tristezas, exaltação e humilhações, ensina-nos o quão importante é viver com o escondimento em Deus, submissos ao Seu plano redentor. Em meio a todas as realidades, alegres e difíceis, que ela viveu ao longo de Sua vida terrena, ia descobrindo os segredos mais profundos do coração de Deus, que foram sendo revelados na humilde casa de Nazaré. Ela, generosamente, aceita participar da vida de Deus, sendo fiel até o fim. Quantos desconfortos e desafios enfrentou após a Encarnação, mas não voltou atrás, seguiu "guardando tudo em seu coração" (Lc 2,51) até a imolação de Seu filho no calvário, sofrendo a ausência Dele depois de Sua ascensão, cuidando da Igreja nascente, onde ansiosamente esperava estar um dia unida a Ele na glória eterna. Penso que Ela sonhava com Jesus todos os dias, ia dormir lembrando-se de Seu sorriso, e às vezes chorava ao recordar de Suas chagas.

Permita-se extasiar contemplando o olhar Dela quando se retirava para recordar-se do seu Filho e dos mistérios de Deus. Aproxime-se Dela, não tenha medo, é sua Mãe! Em Suas aparições, sempre diz aos videntes: "Não tenham medo!". Permita que a voz suave de sua Mãe alcance o seu coração fugitivo: "Não tenha medo!". Contemple, sem temor, a humanidade da criatura elevada acima de todas as criaturas, que foi escolhida e concebida no seio de Santa Ana, sem macha, para nos trazer o Redentor.

São Bernardo dizia que aquela que era cheia de graça deixou transbordar essa graça sobre nós. A Igreja reconhece Maria como medianeira de todas as graças, não questionando a mediação do próprio Cristo como perfeito intercessor junto ao Pai, mas encontrando Nela um caminho seguro e perfeito que nos conduz a Jesus.

É por Maria que procuro, que vou encontrar Jesus, que eu esmagarei a cabeça da serpente e vencerei todos os meus inimigos e a mim mesmo, para a maior glória de Deus.
(São Luís Maria Grignion de Montfort)

Maria é o meio que o Pai utiliza para salvar a humanidade, portanto a ponte pela qual a graça de Deus alcança o homem. Essa é a razão de Bernardo afirmar que é da vontade de Deus que recebamos todas as graças por intermédio de Maria. Não podemos ter medo de invocar e clamar o Seu socorro e Sua intercessão. É difícil compreender aqueles que negam a mediação da Santíssima Virgem, dizendo que o correto é somente ir a Jesus, se essas mesmas pessoas pedem oração e ajuda aos seus coirmãos na fé, fracos e pecadores. Há uma contradição nesse tipo de raciocínio, pois se eu acredito que o meu irmão pode rezar por mim e me conduzir a Deus, por que desconsiderar que Aquela que foi elevada acima de todos os anjos e santos não poderia fazer isso com maior perfeição?

Sejamos filhos, corramos ao encontro Daquela que deseja cuidar de nossas feridas, acalmar o nosso coração agitado, modelar os defeitos que trazemos em nosso interior, conduzir-nos quando estamos extraviados pela cegueira espiritual, levantando-nos quando caímos no desespero, escutando-nos quando a solidão doer e nos abraçando quando, sujos pelo pecado, não temos para onde ir.

> Se as tempestades das tentações se levantam, se estiveres no meio dos perigos das tribulações, lança os olhos para a estrela do mar, invoca Maria em teu auxílio; se és agitado pelas ondas da soberba, da ambição, da maledicência, da inveja, olha para a estrela, invoca Maria; se a cólera, a avareza, os prazeres da carne agitam a barca da tua alma, olha para Maria; se, perturbado pela grandeza dos teus crimes, confuso pelo Estado miserável da tua consciência, horrorizado pelo pensamento do juízo, começa a afundar no abismo da tristeza e do desespero, pensa em Maria. No meio dos perigos, das angústias, das incertezas, não se afaste o seu nome dos teus lábios, nem o coração do pensamento dela e, para obteres mais seguramente o auxílio de tuas súplicas, não descuides de imitar

> os seus exemplos. Seguindo-a não te extravias; suplicando-a, não te desesperas; pensando nela, não te perdes. Enquanto ela te levar pela mão, não cairás; sob sua proteção, não terás nada a temer; sob o seu governo, não te fatigarás; com o seu favor, chegarás certamente ao termo.[92]

Quando a Santíssima Virgem Maria vai ao encontro de Isabel, demonstra o grandioso amor que resplandece do Seu coração mediante o desejo profundo de cuidar daqueles que necessitam Dela. As imagens de Nossa Senhora sempre são graciosas, ternas, com o manto e cabelos arrumados, no entanto, contemplando a Santíssima Virgem chegando à cidade de Zacarias e Isabel, Ain Karim, após ter percorrido 150 quilômetros em regiões montanhosas, imagino-a queimada pelo sol, pois as condições climáticas daquela região eram de muito calor durante o dia. Ela certamente estava cansada, com o manto um pouco desajeitado, os cabelos e rosto suados, mas entoa a Deus o mais perfeito louvor que alguém pudesse compor. Sua alma explode de alegria: "Minha alma glorifica ao Senhor, meu espírito exulta de alegria em Deus, meu Salvador" (Lc 1,46-47).

Na tradição judaica, o casamento é uma grande festa. A desposada tinha de compor um canto e cantar para seu esposo, e Maria, como uma boa judia, canta o Seu canto, o Seu *Magnificat*, ao Espírito Santo, Esposo de Sua alma.

A Ordem do Carmelo traz em si profunda devoção e amor Àquela que é a Sua fundadora. Todos os santos carmelitas, como também todos os santos da Igreja, eram apaixonados pela beleza que exala de Maria. Todos a tomaram como fonte segura para chegar a Cristo.

Santa Teresa dos Andes dizia que Maria era o seu espelho. Nenhum ato desejava cometer sem antes olhar para ela, pois sabia que Ela reflete o próprio Deus. Ela é o recipiente onde Deus depositou todas as virtudes, e olhar para Ela é aproximar-se de Jesus. Devemos, portanto, nos empenhar na procura de imitá-La, contemplando como seria Sua ação diante das realidades que vivemos cotidianamente.

Santa Terezinha, em uma de suas cartas à sua irmã Celina, dizia que Ela era muito mais agraciada do que a Santíssima Virgem, porque Maria não tinha a graça de tê-La como mãe, mas podia gozar de Sua maternidade.

Quando Santa Teresa de Jesus foi nomeada priora do Convento da Encarnação, foi rigidamente rejeitada pelas monjas que ali moravam, porque não aceitavam a reforma como ela fora introduzida no seio do Carmelo. Vendo então que as monjas não a obedeciam e a desconsideravam, tomou uma imagem da Santíssima Virgem e a colocou na cadeira de priora, dizendo-lhes que não precisavam mais obedecê-la, mas que passassem a obedecer à Santíssima Virgem, porque Ela seria a partir daquele momento a superiora da casa.

Um dia perguntaram a São Domingos Sávio, uma criança de 12 anos, por que ele andava com os olhos sempre baixos. O garoto então respondeu que era porque desejava guardar o seu olhar puro para um dia contemplar a Santíssima Virgem Maria no Céu.

Sejamos também nós apaixonados pela graciosa e amorosa Mãe que o Céu nos presenteou. Ela está conosco e, inseridos em seu Imaculado Coração, triunfaremos com ela.

Notas

INTRODUÇÃO

1 PAULO II, João. *O Redentor do homem.* São Paulo: Paulinas, 1979. p. 41.

2 MONDIN, Batista. Una Nuova Cultura per una Nuova Società. Milano: Massimo, 1981. p. 12.

3 STEIN, Edith. Die Frau... p. 132. Italiano. p. 197.

4 HILDEBRAND, D. von. In: HESSEN, J. *Filosofia dos valores.* 5. ed. (L. Cabral de Moncada, trad.) Coimbra: Armenio Amado, 1980. p. 119. (Coleção Studium.)

5 CANTUÁRIA, Anselmo de. *Proslógio.* 1033-1109. p. 9.

6 STEIN, Edith. *Escritos antropológicos e pedagógicos.* Obras completas. Volume IV. Madri: Espiritualidad, 2003.

CAPÍTULO I

7 AQUINO, Tomás. *Suma teológica.* Q. 13, a. 3.

8 SÓFOCLES. *A* Antígone *de Sófocles na transcrição de Guilherme de Almeida.* Petrópolis: Vozes, 1965. p. 16.

9 MONDIN, G. B. *Introdução à filosofia.* São Paulo: Paulinas, 1981. p. 54.

10 LÉVINAS, Emmanuel. *Humanismo do outro homem.* Petrópolis: Vozes, 2006.

11 GARDEIL, JD. *Psicologia,* p. 37 PDF.

12 DECARTES, René. *O discurso sobre o método.* Petrópolis: Vozes, 2011.

13 AGOSTINHO. Dei, XI, 2; vol. 41.

14 STEIN, Edith. *Die Frau...* p. 208. Italiano. p. 281.

15 AGOSTINHO. *Confissões.* Petrópolis: Vozes, 2015.

16 DA CRUZ, São João. *Ditos de luz e amor* 15.

17 STEIN, Edith. *Die Frau...* p. 66. Italiano. p. 125.

CAPÍTULO II

18 PIO X. *Catecismo maior de São Pio X.* Rio de Janeiro: Permanência, 2018. p. 205.

19 DA CRUZ, São João. *Ditos de luz e amor.* Obras Completas. Petrópolis: Vozes, 2002. p. 95.

20 SARAMAGO, José. *Ensaio sobre a cegueira.* Alfragide: Caminho, 1995.

21 Chesterton, G. K. *O homem eterno.* Campinas: Ecclesiae, 2014.

CAPÍTULO III

22 ÉTIENNE, Gilson. *Introdução ao estudo de Santo Agostinho.* São Paulo: Paulus, 2007. p. 286.

23 Ibid., p. 288.

CAPÍTULO IV

24 Carta de Inácio à Comunidade dos Romanos. Parágrafo 58.

25 Carta de Inácio à Comunidade dos Romanos. Parágrafo 59.

26 CORIASCO, Franz. *25 minutos. A vida de Chiara Luce Badano.* Vargem Grande Paulista: Cidade Nova, XXXX.

27 CORIASCO, Franz. *25 minutos. A vida de Chiara Luce Badano.* Vargem Grande Paulista: Cidade Nova, XXXX.

28 CORIASCO, Franz. *25 minutos. A vida de Chiara Luce Badano.* Vargem Grande Paulista: Cidade Nova, XXXX.

29 CORIASCO, Franz. *25 minutos. A vida de Chiara Luce Badano.* Vargem Grande Paulista: Cidade Nova, XXXX.

30 RODRÍGUEZ, José Vicente. *San Juan de la Cruz. La Biografía.* Madri: San Pablo, 2012. p. 698.

31 D'ÁVILA, Teresa. *Livro da vida.* Cap. 22.

32 DA CRUZ, São João. *I Noite escura* 11,2.

33 DA CRUZ, São João. *Ditos de luz e amor* 179.

34 DA CRUZ, São João. *Escritos espirituais. Monte de Perfeição.* 2,b.

35 SANTA TERESINHA. *História de uma alma.* Manuscrito A.

36 DA CRUZ, São João. *Escritos espirituais. Cautelas.* 4,3.

37 DA CRUZ, São João. *Epistolário* 24.

CAPÍTULO V

38 GILSON, Étienne. *A Introdução ao estudo de Santo Agostinho.* São Paulo: Paulus, 2007. p. 292.

CAPÍTULO VI

39 DESCARTES, René. 2006, p. 13.

40 GARDEIL, H-D. *Psicologia.* p. 43. PDF.

41 DECARTES, René. *O discurso sobre o método.* Petrópolis: Vozes, 2011.

42 CHESTERTON, G. K. *Ortodoxia.* Campinas: Ecclesiae, 2018.

43 CHESTERTON, G. K. *Ortodoxia.* Campinas: Ecclesiae, 2018. p. 39.

44 UNAMUNO, Miguel de. *La Agonía del Cristianismo.* Madri: Espasa Calpe, 1937.

45 DE SÃO VITOR, Hugo. *Didascalicon. Sobre a arte de ler.* Campinas: Kírion, 2018. p. 9.

CAPÍTULO VII

46 DE JESUS, Santa Teresa. C 21, 1.

47 DE JESUS, Santa Teresa. *Poesia* IX.

48 DE SÃO VITOR, Hugo. *Didascalicon. Sobre a arte de ler.* Campinas: Kírion, 2018. p. 91.

49 DWECK. Carol. *Mindset. A nova psicologia do sucesso.* São Paulo: Objetiva. P. 12-13.

50 SANTA TERESINHA. *História de uma alma.* Manuscrito A.

51 KIERKEGAARD, S. *Post Scriptum no Científico y Definitivo a "Migajas filosóficas".* Salamanca: Sígueme, 2010. p. 83.

52 DE JESUS, Santa Teresa. *Castelo interior.* 1M 1, 6.

CAPÍTULO VIII

53 DA CRUZ, São João. Obras completas. *Epistolário* 47.

54 STEIN, Edith. *Die Frau...* p. 161. Italiano. p. 230.

55 DE JESUS, Santa Teresa. *Caminho de perfeição* 12, 7.

56 VIER, F. *Compêndio do Vaticano II. Constituição Pastoral Gaudium et Spes.* n. 1. Petrópolis: Vozes, 1968. p. 143.

CAPÍTULO IX

57 II CONCÍLIO DO VATICANO. *Const. Past. Gaudium et Spes,* 19: AAS 58 (1966), 1038-1039.

58 UNAMUNO, Miguel de. *La Agonía del Cristianismo.* Madri: Espasa Calpe, 1937. p. 60.

59 DE JESUS, Santa Teresa. *Castelo interior.* Cp 1,7.

60 4 Moradas 1,7.

61 Moradas 6,7.

62 DA CRUZ, São João. *Chama viva de amor* 3,8.

63 DA CRUZ, São João. *II Noite* 10,1.

64 (PANNIKKAR, R. *Obras Completas.* Vol VIII. Visión trinitaria y cosmoteándrica: Dios-Hombre-Cosmos. Herder editorial. 2016. pg 141).

65 DE SÃO VITOR, Hugo. *Opúsculo sobre o modo de aprender e de meditar.* 1096-1141.

66 DA CRUZ, São João. *Ditos de luz e amor,* 108.

67 DE HOCHHEIM, Eckhart. *Tratados y Sermones.* Sermón LIX. Buenos Aires: Las Cuarenta, 2016. p. 694.

68 DE JESUS, Santa Teresa. *Livro da vida.* 19,4

69 DA CRUZ, São João. *Cântico espiritual. Obras completas.* Petrópolis: Vozes, 2000. p. 578.

70 DA CRUZ, São João. *Cântico espiritual. Obras completas.* Petrópolis: Vozes, 2000. cap. 1,6.

71 STEIN, Edith. *Kreuzeswissenschaft.* p. 143.

72 STEIN, Edith. *Endliches und Ewiges Sein. p. 425.*

73 DE JESUS, Santa Teresa. *Castelo interior – Primeiras moradas.* Cap. 2, 11.

74 *Catecismo da Igreja Católica.* Cap. I, 27.

75 FABER, Frederick W. *Progresso na vida espiritual.* São Paulo: Cultor de Livros, 2016.

76 *Liturgia das horas?*

77 ESCRIVÁ, São Josemaría. *Caminho.* p. 20.

78 DE JESUS, Santa Teresa. *Caminho de perfeição.*

79 RIEVAULX, Aelredo. *Amizade espiritual.* São Paulo: Cultor de Livros, XXXX.

80 DA CRUZ, São João. *I Subida* 4,3.

81 DE JESUS, Santa Teresa. *Livro da vida.* 7,20.

82 DE SALES, São Francisco. *Introdução à vida devota.* Part. III. Cap. 19.

83 TANQUEREY, Adolphe. Compêndio de teologia ascética e mística. Campinas: Ecclesiae, 2018. p. 257-258.

84 DE SALES, São Francisco. *Introdução à vida devota.* Part. III. Cap. 19.

85 *Dos Sermões de São Gregório de Nazianzo, Bispo. Oratio 43, in Laudem Basilii Magni, 15, 16-17. 19-21: PG 36, 514-523, século IV. Liturgia das Horas. Vol I. p. 1111.*

86 Disponível em ZENIT.org.

CAPÍTULO X

87 SANTO EFRÉM. *Opera S. Ephraem Syr.* Ed. Assemani, t. II, syr. lat., p. 324, 327; III, 607.

88 LAGRANGE, R. Garrigou. *A Mãe do Salvador e nossa vida interior.* Campinas: Ecclesiae, 2017. p. 156.

89 CRISÓSTOMO, São João. *De Coemeterio et de Cruce,* 2: PG 49,396 – Liturgia das Horas, Vl III, p. 1536.

90 TANQUEREY, Adolphe. *Compêndio de teologia ascética e mí*stica. Campinas: Ecclesiae, 2018. p. 115.

91 LIGÓRIO, S. Afonso Maria de. *Glórias de Maria.* Aparecida: Santuário, 2011.

92 Homil. II, *De Laudibus Virg. Matris,* 17.

Agradecimentos

Agradeço primeiramente ao meu Amado Esposo por me escolher para Si e me sustentar a cada dia com seu desconcertante olhar de amor.

À Santíssima Virgem Maria, minha Mãe, minha Flor, por caminhar ao meu lado com sua doçura e firmeza materna.

Aos meus pais Neide e Gison e ao meu irmão Léo. Vocês são um presente de Deus para mim. Os amo muito!

À nossa Fundadora Madre Maria José do Espírito Santo, a nossa Superiora Geral Madre Raquel e às minhas irmãs de comunidade por partilharmos nossas vidas a serviço do Reino de Deus. Somos filhas da Igreja, filhas do Carmelo!

Minha sincera gratidão ao querido Pe. Roger Luis (Com. Canção Nova), pelo afetuoso e esclarecedor Prefácio.

Gratidão à editora Planeta por ter me convidado e confiado essa oportunidade de evangelizar.

Gratidão a você que está lendo esse livro, por me permitir entrar e oferecer um pouco do Deus que habita minha alma e um pouco de mim, em cada linha escrita aqui.

Acreditamos
nos livros

Este livro foi composto em ITC New Baskerville Std e impresso pela Geográfica para a Editora Planeta do Brasil em julho de 2019.